Zeichen der Liebe

Unterrichtsbuch zur Vorbereitung der Kinder auf Erstbeicht und Erstkommunion

benno VERLAG

Herausgegeben von der Arbeitsgemeinschaft der Bischöfe der Deutschen Bischofskonferenz - Region Ost

Erarbeitet im Auftrag der Katechetischen Arbeitsgemeinschaft
von Helmut Geiger, Wolfgang Wenzel, Marianne Werner
Graphische Gestaltung: Robert Rothmann
Einband: Ulrike Vetter

Die Deutsche Bibliothek - CIP-Einheitsaufnahme

Geiger, Helmut:
Zeichen der Liebe / [erarb. von Helmut Geiger; Wolfgang Wenzel ; Marianne Werner]. – Leipzig Benno-Verl.; Paderborn Bonifatius

NE: HST

Unterrichtsbuch zur Vorbereitung der Kinder auf Erstbeicht und Erstkommunion / [hrsg. von der Arbeitsgemeinschaft der Bischöfe der Deutschen Bischofskonferenz, Region Ost]. – 9. Aufl. – 1998
ISBN 3-7462-1196-4 (Benno-Verl., 14. Aufl.) Gb.
ISBN 3-89710-146-7 (Bonifatius, 10. Aufl.) Gb.

Dieses Buch wurde nach den neuen amtlichen Rechtschreibregeln gesetzt.

ISBN 3-7462-1196-4
St. Benno Buch- und Zeitschriftenverlagsgesellschaft mbH Leipzig

ISBN 3-89710-146-7
Bonifatius Druck-Buch-Verlag, Paderborn

Kirchliche Druckerlaubnis:
Dresden, den 24. April 1979, Ahne, Generalvikar
Paderborn, den 15. Juni 1984 Nr. 4/G 2316/84, Kresing, Generalvikar

14. Auflage 2000
Lizenzausgabe für Bonifatius Druck-Buch-Verlag, Paderborn
10. Auflage 2000
Herstellung: Arnold & Domnick, Leipzig
Printed in the Czech Republic

Liebe Kinder!

Das neue Unterrichtsjahr ist für euch sehr wichtig. Deshalb sendet euch der Bischof einen herzlichen Gruß.

Von euren Eltern und Seelsorgern habt ihr schon viel von Jesus gehört. Er hat uns gezeigt, wie sehr Gott alle Menschen liebt.

Gottes Liebe hört nie auf und wird vielfältig sichtbar. So ist es auch ein Zeichen seiner Liebe, wenn er Schuld vergibt und zum heiligen Mahl einlädt.

Dieses Zeichen seiner Liebe will Gott euch in diesem Jahr in der heiligen Beicht und in der heiligen Kommunion zum ersten Mal schenken. Darauf dürft ihr euch freuen. Bereitet euch gut darauf vor. Betet jeden Tag und kommt am Sonntag zur heiligen Messe. Zeigt aber auch in eurem Leben, dass ihr Gottes Liebe verstanden habt.

Ich bete für euch und eure Eltern und segne euch

Euer Bischof

Vorbereitung auf den Empfang des Bußsakramentes

1 Was mich freut und was mich ärgert

Hallo, schaut mich an!
Das bin ich,
wenn ich lache.

Das bin ich,
wenn ich mich geärgert habe
und weine.

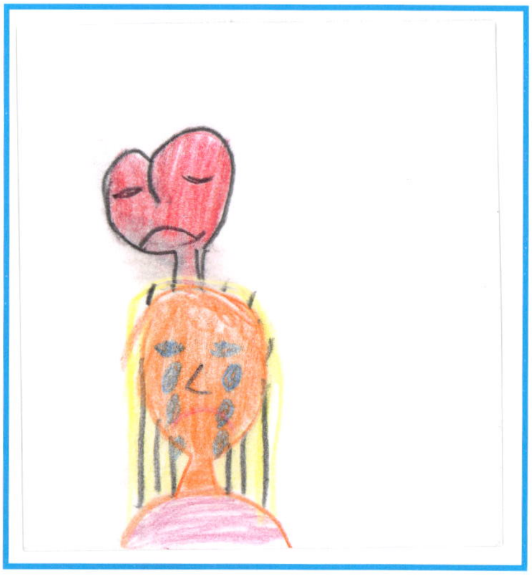

Ich freue mich, wenn ich Geburtstag habe, Wenn ich eine 1 bekomme, wenn ich Schulanfang habe, wenn ich verreise. (Nenne Beispiele!)

Ich ärgere mich, wenn ich eine 2 5 gekriegt habe, wenn Mama und Papa mich ausgeschi-mpft haben. (Nenne Beispiele!)

Andere ärgern sich über mich, wenn ich nicht mit ihnen spielen will. (Nenne Beispiele!)

Es ist Sommer. Täglich scheint die Sonne. Die Urlauber am Meer sind darüber sehr froh. Sie können sich so richtig erholen.
Zur gleichen Zeit haben die Menschen auf dem

Lande ihre Sorgen. Der Boden ist völlig ausgedörrt. Wochenlang gab es keinen Regen. Was wird aus unserer Ernte werden? O diese Sonne! Wenn es doch endlich Regen gäbe...

Das Wetter macht uns zu schaffen.
Wir können es nicht ändern.
Wir müssen es nehmen, wie es kommt.

Gestern kam unser Vati mit einem strahlenden Gesicht nach Hause. Mutti bekam gleich einen Kuss und jedes Kind einen Lutscher. Ich weiß nicht, warum Vati gestern so froh war. Aber so

lieben wir unseren Vati. Manchmal kommt er mit einem brummigen Gesicht nach Hause. Dann sagt er kein Wort oder er schimpft gleich. So mögen wir unseren Vati nicht...

Menschen können uns froh machen, aber auch ärgern.

Meine Schwester Anja hat mal wieder schlechte Laune. Sie ärgert mich, wo sie nur kann. Absichtlich hat sie mir mein Puzzlespiel durcheinander gebracht. Ich hätte sie ohrfeigen können... Ich habe geschwiegen - und ein bisschen geweint.

Später schob sie mir einen Kaugummi zu. Sie hat wohl gemerkt, dass sie mir weh getan hatte. Nun ist alles wieder gut...

Mancher Ärger kann aufhören, wenn sich Menschen vertragen und einander vergeben. Das ist nicht leicht: Wir müssen es lernen! Jesus zeigt uns den Weg. Er gibt uns die Kraft. Er macht uns froh.

So ist mein Bruder!

Mutter, mein Bruder Billi und ich, das ist unsere Familie. Den Vornamen hat jeder für sich, den Nachnamen haben wir alle zusammen.

Mein Bruder heißt in Wirklichkeit gar nicht Billi, sondern Alexander. Aber so nennt ihn kein Mensch. Mutter versucht es ab und zu. Sie sagt, sonst heißt er noch Billi, wenn er längst erwachsen ist. Aber dann vergisst sie es immer wieder.
Ich nenne Billi „Alexander“, wenn ich wütend auf ihn bin. Und das bin ich leider ziemlich oft. Stellt euch vor: ich sitze zum Beispiel ganz ruhig und gemütlich und ziehe meinen Puppen frische Kleider an. Da begießt mich der Bursche von hinten mit Mutters Gießkanne. Oder ich schreibe in meinem Schönschreibheft. In dem Augenblick streift er so an mir vorbei, als wäre es ganz aus Versehen. In Wirklichkeit aber hat er's mit Absicht gemacht, und ich habe einen riesigen Tintenklecks über der ganzen Seite und kann noch einmal von vorne anfangen. Da wäret ihr doch bestimmt auch böse, nicht wahr?
Am meisten ärgere ich mich aber, wenn ich mich abends wasche, und Billi schleicht sich ganz leise von hinten heran und pustet mir mit seiner alten Trompete in den Rücken. Das kitzelt nämlich abscheulich, und außerdem erschrecke ich mich immer so. Kommt dann Mutter dazu und fragt, was los ist, tut er natürlich ganz unschuldig. „Nun schämt euch doch, ihr beiden“, sagt Mutti dann. „Ihr seid doch wirklich zu groß, um euch dauernd zu zanken und zu streiten.“ - Dabei habe ich überhaupt nichts gemacht. Eigentlich sieht Billi sehr lieb aus, und er ist auch oft lieb. Man muss sich nur wundern, wie das Gute und das Freche so zusammen in einem Menschen stecken können.
Zum Beispiel nimmt ihn Mutter manchmal mit ins Dorf. Dort bekommt er dann oft einen Bonbon geschenkt. Denkt ihr nun aber, dass er den aufisst, obwohl er doch bestimmt riesige Lust dazu hat? Nein, er lutscht ihn nicht einmal an, sondern wartet, bis ich aus der Schule komme.

Dann holt er ein Messer, teilt den Bonbon in der Mitte durch und gibt mir die Hälfte ab.
Auch meine Puppenmöbel, die jeder bestaunt: einen Tisch, ein Sofa und zwei Stühle, hat er ganz ohne meine Hilfe gemacht. Und den Leim und die Nägel und was er sonst dafür brauchte, hat er von dem bisschen Geld gekauft, das er in seiner Sparbüchse hatte. Nun könnt ihr euch den „bösen Alexander“ und den „guten Billi“ schon ein wenig vorstellen, nicht wahr?

Male, wie du anderen Freude bereiten kannst, und klebe das Bild hier ein!

2 Ich gehöre zu einer Familie

Wir gehören alle zusammen. Wir haben alle den gleichen Namen. Dies ist unser Familienname: Stalph. ....

Wir gehören zusammen und wir leben zusammen. Wir haben dieselbe Wohnung. Unsere Wohnung ist in Weimar. ....

Unsere Straße heißt J.-S.-Bach.-Str.-5. ....

Zu unserer Familie gehören 5.. Personen. Hier ist ein Bild von unserer Familie:

Meine Eltern heißen Silke und André. ....

....

Meine Geschwister heißen Cora und Rahel ....

....

Wer gehört sonst noch zu eurer Familie? Schreibe ihre Namen auf: Oma .....

Inge, Oma Helga, Oma Elfriede, Opa Roland, Opa Horst,

Wann ist es bei euch zu Hause am schönsten? Überlege und schreibe es in einem Satz auf: Bei uns ist es am schönsten, wenn wir a gute .....

Laune haben. ....

Du lebst in einer Familie. Du hast schon erfahren, wie schön das ist. Ihr gehört alle zusammen.

In einer Familie ist es schön, wenn alle aufeinander hören. Der Vater hört auf die Mutter, die Mutter auf den Vater, die Eltern auf die Kinder, die Kinder auf die Eltern. Je besser die Menschen aufeinander hören, desto schöner können sie zusammen leben. Je aufmerksamer du auf deine Eltern hörst und ihnen gehorchst, desto leichter ist es für deine Eltern, für dich zu sorgen.

In einer Familie gibt es von früh bis spät zu tun. Je älter du bist, desto mehr kannst du deinen Eltern helfen. Helfen kann wichtiger sein als spielen. **Wer gern hilft, macht anderen das Leben leichter.**

In eurer Familie habt ihr manche Sachen gemeinsam: Tisch, Stühle, Geschirr, Radio, Fernseher. Jeder hat aber auch sein persönliches Eigentum: Du hast dein Spielzeug, deine Schulbücher. Vater hat seine Manschettenknöpfe, Mutter ihren Schmuck. Wo Menschen zusammen leben, müssen sie das **Eigentum achten**.

Eine unsichtbare Kraft hält die Menschen einer Familie zusammen: es ist **die Liebe.**

Gott sagt:
Du sollst Vater und Mutter ehren.
Wir lieben unsere Eltern. Deshalb helfen wir gern und gehorchen ihnen.

Gebet der Kinder für ihre Eltern

Herr, ich danke dir für meine Eltern.
Sie haben mich lieb und sorgen für mich.
Halte sie gesund, lass sie glücklich sein und segne uns alle.

Hier stehen 10 Sätze.
Wann ist es bei euch zu Hause am schönsten?
Unterstreiche mit einem Farbstift die Sätze, die du für richtig hältst!

Bei uns zu Hause ist es schön,

... wenn Vater laut schimpft.
... wenn Mutter uns eine Geschichte vorliest.
... wenn wir zusammen fernsehen.
... wenn ich allein spiele.
... wenn ich abtrocknen helfe.
... wenn ich einkaufen gehen muss.
... wenn Besuch kommt.
... wenn wir am Sonntag gemeinsam essen.
... wenn Vater mit mir bastelt.
... wenn ich mit meinen Geschwistern spiele.

3 Ich lebe mit anderen Menschen

Alle Familien eines Hauses sind eine Hausgemeinschaft. Wieviele Familien wohnen in eurem Haus? 6.........

Die Kinder aus der Nachbarschaft sind eine Spielgemeinschaft. Wer sind deine liebsten Spielgefährten? Schreibe ihre Vornamen auf: Anna Laura Jana Tina Cora Rahel Johanna, Antonia

In der Schule gehörst du zu einer Klassengemeinschaft. Wieviele Jungen und Mädchen gehören zu deiner Klasse? 7, Jungen, 10, Mädchen.....

Wie heißt dein(e) Klassenlehrer(in)? Anne Kems.....................

Wen magst du in deiner Klasse am liebsten? Johanna, Anna, Tina...

Als Christ gehörst du auch in die Gemeinschaft der Pfarrgemeinde. Davon wirst du später mehr erfahren.

Wo Menschen zusammen leben, geht es nicht ohne Ordnung. Das gilt schon für das Leben in der Familie. In der Gemeinschaft von Menschen muss jeder auf den anderen achten und Rücksicht nehmen. Jesus sagt: „Alles, was ihr von anderen erwartet, das tut auch für sie.“
Jedes Spiel hat seine Spielregeln. In jedem Haus gibt es eine Hausordnung, in der Schule eine Schulordnung. Im Straßenverkehr gilt die Straßenverkehrsordnung. In jedem Staat gibt es eine Grundordnung von Rechten und Pflichten der Bürger.

Wer die Ordnungen und Regeln beachtet, hilft mit, dass alle Menschen im Frieden zusammen leben können.
Die Grundregeln des Zusammenlebens können die Menschen selbst finden. **Gott hat sie ihnen ins Herz gegeben und in seinen Geboten ausdrücklich bestätigt.** Die wichtigsten sind diese:
„Du sollst Vater und Mutter ehren. Du sollst nicht töten. Du sollst nicht ehebrechen. Du sollst nicht stehlen. Du sollst nicht lügen.“

Gott sagt:
Liebe die anderen wie dich selbst.
Wir lieben unsere Mitmenschen. Deshalb nehmen wir aufeinander Rücksicht und achten das Eigentum.

Hier hat jemand Sprichwörter durcheinandergebracht.
Wie heißen sie richtig?

– Wer andern eine Grube gräbt, gibt nach.
– Der Klügere fällt selbst hinein.
– Aller Anfang bringt es an den Tag.
– Die Sonne ist schwer.
– Müßiggang hat Gold im Mund.
– Morgenstunde ist aller Laster Anfang.
– Frisch gewagt, kommt auch ans Ziel.
– Wer langsam geht, ist halb gewonnen.

Apfelbäume

Ein alter Mann pflanzte kleine Apfelbäumchen. Da lachten die Leute und sagten zu ihm: „Warum pflanzt du diese Bäume? Viele Jahre werden vergehen, bis sie Früchte tragen, und du selbst wirst von diesen Bäumen keine Äpfel mehr essen können.“ Da antwortete der Alte: „Ich selbst werde keine ernten. Aber wenn nach vielen Jahren andere die Äpfel von diesen Bäumen essen, werden sie mir dankbar sein.“

Male Bilder von Menschen, mit denen du zusammenlebst! Klebe sie hier ein!

Schreibe Fürbitten dazu! Lachen ist für uns Menschen sehr wichtig. Ich wünsche mir, dass jedes Kind mindestens einmal am Tag lacht.

4 Ich will gut und tüchtig werden

Überlege, was du schon alles kannst!
Schreibe drei Beispiele auf!

1. ....

2. ....

3. ....

Überlege, was ein Baby noch nicht kann!
Schreibe drei Beispiele auf!

1. ....

2. ....

3. ....

Überlege, was deine Eltern können müssen!
Schreibe drei Beispiele auf!

1. ....

2. ....

3. ....

Einer der schönsten Tage im Jahr ist für dich dein Geburtstag. Zu dir kommt Besuch, und alle bringen dir etwas mit. Jedesmal steht eine Kerze mehr auf dem Geburtstagstisch, denn du bist wieder größer und ein Jahr älter geworden.
Es dauert immer so lange, bis wieder ein Geburtstag da ist: Du möchtest schneller groß und erwachsen werden. Wichtiger aber ist, dass du gut und tüchtig wirst. Man muss sich auf dich verlassen können. Darum musst du dich jetzt schon mühen. **Wer gut und tüchtig werden will, muss lernen, gegen das Böse zu kämpfen und sich für andere einzusetzen.** Wer gut und tüchtig werden will, muss nicht alles haben, was er sieht. Er muss verzichten lernen. Wer gut und tüchtig werden will, muss über die Geschlechtlichkeit des Menschen richtig Bescheid wissen, muss damit sorgsam umgehen und darf sich nicht an hässlichem Gerede beteiligen. Wer gut und tüchtig werden will, darf nicht lügen.

Er muss lernen, wahrhaftig zu sein. Vielleicht verstehst du jetzt besser, warum deine Eltern manchmal streng sind gegen dich. Warum sie erst deine Hausaufgaben sehen wollen, bevor du spielen darfst. Warum sie traurig sind, wenn du lügst. Warum sie dir nicht gleich jeden Wunsch erfüllen. Warum sie dich so zeitig zu Bett schicken, auch wenn sie selbst noch aufbleiben. Warum sie darauf bestehen, dass du dich verträgst, wenn du dich mit anderen gestritten hast.

Jesus nahm zu an Weisheit und Alter und Gnade bei Gott und den Menschen. Wir sollen gute und tüchtige Menschen werden. Deshalb setzen wir uns für das Gute ein, lieben wir die Wahrheit und lernen wir verzichten.

Ich denke nach

Oft erzählt Mutter von früher.
Sie erzählt, was ich alles angestellt habe,
als ich noch ganz klein war.
Sie erzählt, wie sie mich bekommen hat,
wie ich laufen gelernt habe.
Da müssen wir immer lachen.

Jetzt bin ich schon größer.
Ich kann schon lesen, schreiben und rechnen.
Vater sagt: Das ist wichtig für das spätere Leben.

Ob er recht hat?
Eigentlich würde ich viel lieber spielen
als Hausaufgaben machen
und an das „spätere Leben" denken.

Aber manchmal denke ich doch daran.
Wie wird es sein?
Was soll ich werden?
Pilot wäre ganz schön! Oder Rennfahrer!
Auf jeden Fall möchte ich groß werden.
Und froh.
Wäre ich doch schon groß!

Doch manchmal habe ich auch etwas Angst.
Warum nur?

Sängerin
Hannah Stalph

5 Ich bin getauft

Es war einmal, da kamst du zur Welt. Du weißt den Tag. Es ist dein Geburtstag. Schreibe hier auf, wann und wo du geboren bist 31.3.1994 in Berlin.

Es war einmal, da seid ihr in euer Haus, in eure Wohnung eingezogen. Deine Eltern wissen sicher diesen Tag. Es war am 10.6.1997

Es war einmal, da bist du mit einer großen Zuckertüte zum ersten Mal zur Schule gegangen. Es war am 27.8. 2000

Es war einmal, da haben dich deine Eltern zum ersten Mal zur Kirche getragen. Du solltest getauft werden. Es war am ……
in Berlin

Liebe Mutti, lieber Vati!

Bitte, erzählt mir von meinem Tauftag! Schreibt mir hier alles auf, woran ihr euch noch erinnert. Ich möchte alles wissen. Und besorgt mir eine Taufurkunde!

Gemeinsam mit deinen Paten Antje und Stephan waren wir in der katholischen Kirche in Berlin-Lichtenberg. Es war ein kalter Frühlingstag im April 1995. Wir haben gesungen und gebetet. Diesen Tag haben wir zusammen gefeiert. Deine Taufkerze, die Antje für dich verziert hatte, wird immer zu deinem Geburtstag angezündet.

Jesus Christus ist gekommen und hat verkündigt: „Ich bringe euch eine frohe Nachricht. **Ich bringe euch das Leben Gottes.** Das Leben Gottes ist ewig. Es kann nicht sterben, es hört nie auf. Wer dieses Leben hat, braucht sich nicht mehr vor dem Tod zu fürchten. Er wird leben, auch wenn er hier stirbt."
Jesus Christus hat uns gezeigt, dass das möglich ist. Er ist am Kreuz gestorben und am dritten Tage auferstanden. Er hat sich dann vielen Menschen lebendig gezeigt.
Er hat seinen Aposteln den Auftrag gegeben: „Geht, macht alle Menschen zu meinen Jüngern. **Tauft sie im Namen des Vaters und des Sohnes und des Heiligen Geistes.**"

Die Kirche spendet die heilige Taufe.

Für die Taufe braucht man Wasser. Ohne Wasser gibt es kein Leben. Das Taufwasser ist Zeichen für das Leben Gottes, das den Menschen in der heiligen Taufe geschenkt wird.

Wer getauft ist, darf sich freuen. Er gehört zu Jesus Christus, dem auferstandenen Herrn. Zum Zeichen dafür empfängt er ein weißes Kleid. Wer getauft ist, schaut auf Jesus Christus und hört auf ihn. Christus ist unser Licht und der Getaufte ein Kind des Lichtes. Zum Zeichen dafür bekommt er nach der Taufe eine Taufkerze überreicht, die an der Osterkerze entzündet wurde.

Jesus sagt: Wer glaubt und sich taufen lässt, wird gerettet. – Durch die Taufe empfangen wir das Leben Gottes. Wir werden Kinder Gottes und Glieder der Kirche.

Folgende Wörter haben etwas mit der Taufe zu tun. Erkläre sie!
Taufakt, Taufkleid, Taufkerze, Taufpate, Taufurkunde, Taufwasser, Taufbuch, Taufandenken, Taufname, Taufbrunnen, Taufbund.

Tauflied

Melodie: GL 585

Reiße aus Buntpapier und klebe hier auf:
ein Kreuz, einen Taufbrunnen, ein Taufkleid,
eine Taufkerze

Ergänze die folgenden Wörter an der richtigen Stelle in den Sätzen:

Christus - Leben - Licht

Das Wasser bedeutet, dass Gott ewiges . . Leben . . . . gibt.

Das Kleid bedeutet, dass die Taufe uns mit . . Jesus . . . verbindet.

Die Kerze bedeutet, dass Jesus Christus unser . . Licht . . . . . . ist.

6 Wir leben in einer Pfarrgemeinde

Das ist unsere Pfarrkirche. Sie heißt . . . . Kirche.

Zu unserer Pfarrgemeinde gehören . . . . Menschen.

Sie besteht seit . . . .

Unsere Kirche wurde im Jahre . . . . gebaut.

Unser Pfarrer heißt . . . .

Unser Kaplan (Vikar, Diakon) heißt . . . .

Unsere Gemeindereferentin heißt . . . .

. . . .

Unsere Nachbargemeinden sind . . . .

. . . .

Jesus Christus hat der Kirche wichtige Aufgaben gestellt.
Schon in der ältesten Gemeinde haben die Christen diese Aufgaben erkannt. Die Apostelgeschichte berichtet von der Gemeinde in Jerusalem: „Die Christen hielten fest an der **Lehre der Apostel;** sie waren eine **brüderliche Gemeinschaft** und hatten alles gemeinsam. Sie verkauften ihren persönlichen Besitz und gaben jedem ab, der etwas brauchte. Sie gingen zum **Gebet** in den Tempel und feierten in Hausgemeinschaften **das heilige Mahl,** so wie es Jesus ihnen aufgetragen hatte."

Dies sind die Aufgaben jeder Pfarrgemeinde:

Die Gemeinde betet und feiert das heilige Mahl.
In der Gemeinde wird die Botschaft Jesu vorgelesen und erklärt.
Die Gemeinde hilft denen, die in Not sind.

Wir versammeln uns zum Gottesdienst.
Wir hören und befolgen das Wort Gottes.
Wir dienen einander in brüderlicher Liebe.

Du bist getauft. Du gehörst zu einer Pfarrgemeinde. Auch **du musst dich an ihren Aufgaben beteiligen.** Je mehr eine Gemeinde ihre Aufgaben ernst nimmt, desto lieber kommen neue Christen hinzu.

Die Kirche hat drei Aufgaben:
Sie feiert Gottesdienst. Sie verkündet das Wort Gottes. Sie dient den Menschen.

Erkundige dich, wann in eurer Gemeinde am Sonntag Gottesdienste sind.

Schreibe sie hier auf: . . . .

. . . .

. . . .

. . . .

. . . .

. . . .

Erkundige dich, in welchen Gruppen in eurer Gemeinde die Botschaft Christi verkündigt und erklärt wird . . . .

. . . .

. . . .

. . . .

. . . .

. . . .

Wer sorgt in eurer Pfarrgemeinde für die Menschen, die eine Hilfe brauchen?

. . . .

. . . .

. . . .

. . . .

. . . .

Male die Bibel, den Korb für das Geldopfer der Gemeinde, Hostienschale und Kelch!

Schreibe dazu, für welche Aufgaben der Gemeinde Bibel, Korb, Hostienschale und Kelch gebraucht werden.

7 Wir hören von der Liebe Gottes zu uns Menschen

Man kann einen Menschen beschreiben nach: Größe, Farbe, Gewicht usw. Schreibe hier etwas von dem auf, was man an dir messen oder zählen oder sehen kann: . . . .

Wie groß bist du? 1,24 Meter . . . .

Welche Farbe haben deine Augen? Blau Grau . . . .

Wie alt bist du? 8 Jahre . . . .

Welche Farbe haben deine Haare? Blond Braun . . . .

Wieviel wiegst du? 24,5 . . . .

Was weiß man schon von einem Menschen, wenn man ihn nur misst oder wiegt oder nach Haut- und Haarfarbe sortiert? Wenig!
Am meisten erfahren wir, was ein Mensch wirklich ist, wenn wir ihn in frohen und in schweren Stunden beobachten: wie er in seinem Leben Ordnung hat, wie er mit anderen redet, wie er andere behandelt, wie er mit Blumen umgeht und mit Kindern. Mit den Augen sieht man nicht alles. Man braucht auch den Blick des Herzens.

Denke mit deinen Eltern nach, welche Wörter solche Eigenschaften eines Menschen beschreiben. Schreibe ein paar davon hier auf H herzlich, sein, nett, sein freundlich, sein f hilfsber-eit, sein lieb, sein ehrlich, sein

. . . .

. . . .

Als Augustus Herrscher über das römische Weltreich war, wurde in Betlehem, im Lande der Juden, **Jesus** geboren. Etwa dreißig Jahre lebte und arbeitete er in Nazaret, einem kleinen Ort in Palästina.
Dann zog es ihn zu den Menschen im ganzen Land. Er fühlte einen Auftrag Gottes in sich. Er wusste, dass er gesandt war, zu zeigen, wie Gott zu den Menschen ist und was er von ihnen verlangt. Er brachte uns Menschen die Botschaft von Gott, seinem himmlischen Vater. Die Leute liefen ihm nach. Sie wollten viel von ihm hören. Er war gütig gegen alle, half, wo er konnte. Nie tat er etwas Böses. Die Leute tuschelten und staunten und fragten: „Wer ist dieser?" Sie ahnten in diesem Jesus von Nazaret ein großes Geheimnis.
In ihm war Gottes Liebe, die aufrichtet, vergibt, tröstet, schenkt.
Einmal geschah dies: Am Wege stand ein Mann. Er war von Geburt an blind. Jesus sah ihn. Als er dicht bei ihm war, berührte er die Augen des Blinden mit Speichel. Dann schickte er ihn zum Teich in der Nähe. Der Blinde ging fort, wusch sich und kam sehend zurück. Nun zeigten sich die Umstehenden blind. Sie wollten einfach nicht glauben, dass hier etwas Wunderbares geschehen war. Sie wollten nicht anerkennen, dass hier Gott etwas gewirkt hatte. Als Jesus ihn wieder traf - von den Menschen verstoßen, aber sehend -, fragte er: „Glaubst du an den Sohn Gottes?" Er entgegnete: „Wer ist es denn, Herr, damit ich glaube?" Jesus sagte ihm: „Du siehst ihn, der mit dir spricht, der ist es." Er sagte: „Ich glaube, Herr." Und er warf sich vor ihm nieder.
Jesus ist gekommen, ein Mensch wie wir. So gut wie er war vorher keiner und auch nachher nicht mehr. Wer mit dem Blick des Herzens auf ihn schaute, der verstand: er macht alles gut. Wer ihn mit den Augen des Glaubens ansah, der konnte bekennen: Hier ist Gottes Liebe unter uns erschienen! **Er ist der Sohn Gottes.**

Wir bekennen: Ich glaube an Jesus Christus, Gottes Sohn, unseren Herrn.
Die Kirche ist die Gemeinschaft der Menschen, die an Jesus Christus glauben.

Das Apostolische Glaubensbekenntnis

Ich glaube an Gott, den Vater, den Allmächtigen, den Schöpfer des Himmels und der Erde, und an Jesus Christus, seinen eingeborenen Sohn, unsern Herrn, empfangen durch den Heiligen Geist, geboren von der Jungfrau Maria, gelitten unter Pontius Pilatus, gekreuzigt, gestorben und begraben, hinabgestiegen in das Reich des Todes, am dritten Tage auferstanden von den Toten, aufgefahren in den Himmel; er sitzt zur Rechten Gottes, des allmächtigen Vaters, von dort wird er kommen, zu richten die Lebenden und die Toten.
Ich glaube an den Heiligen Geist, die heilige katholische Kirche, Gemeinschaft der Heiligen, Vergebung der Sünden, Auferstehung der Toten und das ewige Leben. Amen.

Male ein großes Christuszeichen ☧ oder eine Osterkerze!

Was weißt du von Jesus Christus?

Überlege mit deinen Eltern und schreibe fünf Sätze auf: Christus Liebt uns alle Menschen. In der Kirche ist Jesus immer bei uns. Des halb singen wir für ihn. Und er gibt uns die Kraft und die Herlichkeit.

8 Wir antworten auf die Liebe Gottes

Du hast die drei großen Aufgaben deiner Pfarrgemeinde kennen gelernt. Es sind die Aufgaben der ganzen Kirche, die Aufgaben aller Getauften. Überlege und schreibe diese Aufgaben hier noch einmal auf (S.27):

1. Die Gemeinde betet und feiert das Mahl.
2. In der Gemeinde wird die Boschaft Jesus vorgelesen und erklärt.
3. Die Gemeinge hilft die in Not sind.

Unter diesen Aufgaben steht der Gottesdienst an erster Stelle. An jedem Sonntag wird in der Kirche bekanntgegeben, welche Gottesdienste in der nächsten Woche stattfinden werden. Dazu wird die Gemeinde eingeladen. Überlege einmal, welche Gottesdienste es in eurer Gemeinde gibt. Lass dir dabei von deinen Eltern helfen. Schreibe sie auf!

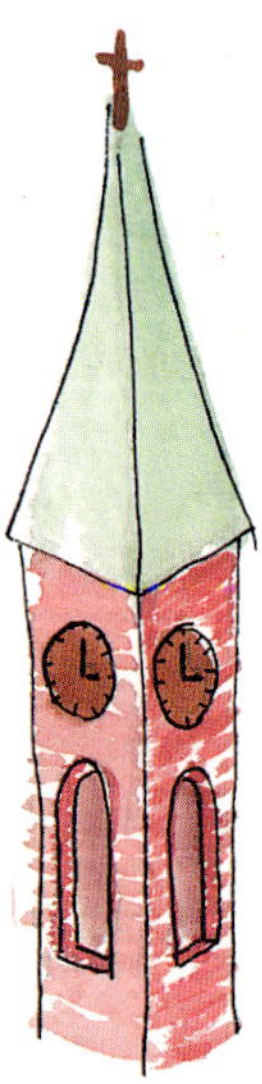

8.00 h Pfarrmesse (Mo-Fr)
18.00h Abendmesse (Mo-Fr, So)
8.00h Hausmesse (Sa)
14.00h Tauffeier (Sa, Buttstädt)
18.00h Vorabendmesse (Sa)
9.00h Familienmesse (So)
10.30h Hochamt (So)
17.00h Vesperandacht (So)

Jesus Christus hat uns die Botschaft von der Liebe Gottes zu den Menschen gebracht. Er hat uns gesagt und gezeigt, wie sehr Gott die Menschen liebt. Er hat uns auch gezeigt, wie wir Gott lieben können. Das ganze Leben Jesu war Gottesdienst bei Tag und bei Nacht, in der Familie und bei den Menschen, in den Gebetshäusern und in der Wüste. Oft wollte Jesus allein mit seinem Vater sein. Er ging in die Wüste oder auf die Berge. Er hatte Freude am Gebet. Er spürte die Nähe seines Vaters, wie ein Kind die Nähe seiner Eltern spürt.
Seit unserer Taufe gehören wir mit Jesus zu Gott. Wer Jesus gefunden hat, der möchte Gott so lieben wie er. Mit ihm dürfen wir Gott unseren Vater nennen. Ob wir etwas für die Menschen tun, ob wir an uns selbst arbeiten: **Dies alles geschieht aus Liebe zu Gott.**
Wenn wir Gott lieben wollen wie Jesus, dann müssen wir auch Zeit für ihn haben. **Wer für Gott Zeit hat und mit ihm spricht, der betet.** Wir können mit eigenen Worten zu Gott sprechen, aber auch mit Gebeten, die andere vorher geformt haben.
Es hat sich bewährt, dass man **dreimal am Tag** betet: morgens, mittags, abends. Besonders am Abend sollten wir das Beten nicht vergessen.
Wer getauft ist gehört in die Gemeinschaft der Kirche. Die Gemeinde trifft sich regelmäßig zum gemeinsamen Gebet. **Der wichtigste Tag des gemeinsamen Betens ist der Sonntag.** An diesem Tag feiert die Gemeinde das heilige Mahl mit Jesus Christus. Wer getauft ist, darf an diesem Tag bei der Feier des Gottesdienstes nicht fehlen.
Außerdem sollen wir am Sonntag frei sein von aller Arbeit, frei für die Erholung, frei für die Familie. Jeder Sonntag sollte ein Feiertag sein.

Jesus sagt: Du sollst den Herrn, deinen Gott, lieben. - Wir lieben Gott. - Deshalb beten wir, halten wir Gottesdienst, feiern wir den Sonntag.

Tägliche Gebete

Morgengebete

Ein kurzes Morgengebet:
„Im Namen des Vaters und des Sohnes und des Heiligen Geistes. Amen.“

Morgengebete im „Gotteslob“: 14–15
Morgenlied: Lieber Gott, ich bin hier 670

Aus dem Morgengebet der Kirche

Im Osten tritt die Sonne auf ihre goldne Bahn.
Mit ihrem frohen Aufgang hebt unser Tagwerk an.
Vom Morgen bis zum Abend dehnt sich das Ackerfeld,
das wir bebauen sollen, solang es Gott gefällt.

Er gibt uns flinke Hände, zu jedem Dienst bereit.
Er öffnet Herz und Hände für alles Menschenleid.
Ihm gelten unsere Mühen, der alles überschaut.
Was wir mit IHM beginnen, das ist auf Fels gebaut. Amen.

Tischgebete

Segne, Vater, diese Gaben. Amen.
Dank dir Vater für die Gaben. Amen.

Andere Tischgebete im „Gotteslob“: 16–17

Abendgebete

Ein kurzes Abendgebet:
Es segne und behüte uns der allmächtige und barmherzige Gott:
der Vater, der Sohn und der Heilige Geist. Amen.

Aus dem Abendgebet der Kirche

Da nun der Tag vergangen ist,
so bitten wir dich, Jesus Christ:
Sei, wenn es dunkelt, unser Licht,
dann schlafen wir voll Zuversicht.
Was wir verkehrt und falsch getan,
das rechne nicht als Sünde an;
lösch es in deinem Blute aus.
Herr, segne uns und dieses Haus!
Lob sei dem Vater auf dem Thron
und seinem eingebornen Sohn,
Lob sei dem Heilgen Geist geweiht
jetzt und in alle Ewigkeit. Amen.

Abendgebete im „Gotteslob“: 18 18.8.
Abendlied: Herr, bleibe bei uns

Klebe ein Christusbild auf Karton und hänge es über dein Bett! – Male Kirchenglocken!

9 Jesus nennt das wichtigste Gebot

Wenn du in diesem Buch zurückblätterst, kannst du ohne Mühe die wichtigsten Regeln finden, die wir beachten müssen, wenn wir den Willen Gottes tun wollen.

Suche sie zusammen und schreibe sie hier auf:

1. (S. 11 unten) Du sollst Vater und Mutter ehren. Wir lieben unsere Eltern. Deshalb helfen wir gern und gehorchn ihnen.

2. (S. 15 unten) Liebe die anderen Menschen wie dich selbst.

3. (S. 19 unten) ~~Jesus nahm zu an~~ Wir sollen gute ~~und~~ und tüchtige Menschen werden.

4. (S. 35 unten) Du sollst den Herrn, deinen Gott, lieben.

In großen Städten gibt es viele Verkehrszeichen, und überall gelten Verkehrsregeln. Man musste sie festlegen, um die Menschen und ihr Leben zu schützen. So brauchen wir auch für das Zusammenleben der Menschen **Gesetze und Gebote.** Wenn jeder überlegen würde, was dem anderen dient, dann brauchte man nicht so viele Vorschriften. **Wer wirklich liebt, weiß, was er tun muss.**

Einmal kam ein Mann zu Jesus. Er kannte sich in den vielen Gesetzen seines jüdischen Volkes gut aus. Er wollte alle sehr sorgfältig beachten. Ihn quälte die Frage: Welches unter den vielen Geboten ist das wichtigste? Er dachte bei sich: Diese Frage will ich Jesus stellen. So fragte er: „Meister, was muss ich tun, um das ewige Leben zu erlangen?“
Jesus sagte ihm: „Was steht in der Heiligen Schrift?“ Er antwortete:
„Du sollst den Herrn, deinen Gott, lieben von ganzem Herzen und ganzer Seele, mit all deiner Kraft und deinem ganzen Denken, **und: Deinen Nächsten sollst du lieben wie dich selbst.“**
Jesus sagte zu ihm: „Du hast richtig geantwortet. Handle danach, und du wirst leben!“

Jesus sagt: Du sollst den Herrn, deinen Gott, lieben von ganzem Herzen und ganzer Seele, mit all deinen Gedanken und all deiner Kraft. Das ist das erste und wichtigste Gebot. Ebenso wichtig ist das zweite: Du sollst deinen Nächsten lieben wie dich selbst.

Dies sind die **Grundregeln für unser Leben,** Gottes Auftrag an die Menschen:

Gott lieben

– deshalb beten wir,
halten wir Gottesdienst,
feiern wir den Sonntag.

Menschen lieben

– deshalb helfen wir gern,
gehorchen wir aufmerksam,
achten wir das Eigentum.

Selbst gut und tüchtig werden

– deshalb setzen wir uns für das Gute ein,
lieben wir die Wahrheit,
lernen wir verzichten.

Melodie: Kurt Grahl

Liebe will ich bringen, wo der Hass die Menschen trennt,
will Verzeihung üben, wo man den Frieden nicht mehr kennt.
Hoffnung will ich wecken, wo ein Mensch verzweifelt ist,
will Gemeinschaft suchen, damit man jeden Streit vergisst.
Licht will ich dort werden, wo die Dunkelheit regiert,
Freude will ich schenken, damit man deine Nähe spürt.

Male in einem Kreis ein dickes rotes Kreuz!

Dieses Zeichen erinnert uns an die Liebe Gottes zu allen Menschen; denn am Kreuz ist Jesus aus Liebe zu uns gestorben. Es mahnt uns aber auch, aus Liebe zu Gott den Menschen gut zu sein.

10 Jesus liebt die Sünder

Jeder Mensch hat Wünsche und erwartet etwas von den anderen. Überlege mit deinen Eltern und schreibe auf (Beispiele):

1. Was erwartest du von deinen Eltern? . . . .

. . . .

. . . .

2. Was erwarten deine Eltern von dir? . . . .

. . . .

. . . .

3. Was erwartest du von Gott? . . . .

. . . .

. . . .

4. Was erwartet Gott von dir? . . . .

. . . .

. . . .

5. Erfüllst du immer diese Erwartungen? Überlege!

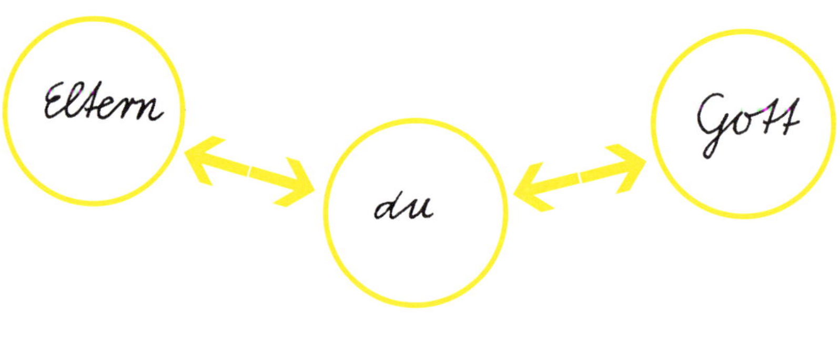

Wenn die Menschen nach dem Willen Gottes leben, können sie glücklich und froh werden (S. 40). Wir sehen und erleben, dass wir selbst und die anderen die Gebote Gottes nicht immer beachten. Wir denken zu sehr an uns selbst. Wir lieben Gott und die Menschen zu wenig und werden dadurch schuldig. Wer absichtlich und freiwillig etwas Böses tut und Gottes Gebote übertritt, sündigt.
Er bleibt Gott und den Menschen Liebe schuldig. Er schadet der Kirche, den anderen Menschen, sich selbst. Gott wollte die Menschen in dieser Not nicht allein lassen. Er sandte uns Jesus, seinen Sohn. Jesus will keinen Menschen abweisen und verstoßen. **Er liebt auch den größten Sünder.**
Einmal kam Jesus nach Jericho. Dort lebte Zachäus, ein Zöllner. Er hatte in seinem Leben viele Menschen betrogen. Er wusste, wie böse er war. Alle anderen wussten es auch. Er wollte Jesus wenigstens sehen, und weil er sehr klein war, stieg er auf einen Baum. Jesus rief ihn vom

Baum herunter. Er sagte ihm: „Zachäus, heute will ich in dein Haus kommen!“ Zachäus stieg schnell vom Baum herab. Er war voll Freude. Gern nahm er Jesus auf. Er erkannte: Jesus lässt ihn nicht im Stich. Er wollte ein neues Leben anfangen. Er wollte nie mehr betrügen. Er wollte alles Unrecht wieder gutmachen. Er ist einen falschen Weg gegangen. Nun wollte er umkehren. Jesus zeigte ihm einen neuen Weg. **Er vergab ihm die ganze Schuld.**

Wer Gott und den Menschen Liebe schuldig bleibt, sündigt. Er schadet der Kirche, den anderen Menschen, sich selbst.

Hilfen zur Gewissenserforschung

Gott lieben

Gott will, dass wir ihn aus ganzem Herzen lieben. Deshalb frage ich mich:

- Habe ich **täglich gebetet?**
- Habe ich manchmal an Gott gedacht, wenn ich mich gefreut habe?
- Habe ich für die Menschen gebetet, die mit mir leben (z. B. Eltern, Geschwister, Seelsorger, Lehrer, Spielgefährten)?
- Habe ich **sonntags die heilige Messe mitgefeiert?**
- Habe ich wenigstens gebetet, wenn ich sonntags nicht zur Messe gehen konnte?
- Habe ich beim Gottesdienst aufmerksam mitgemacht?
- Habe ich dazu beigetragen, dass zu Hause **der Sonntag schön und festlich** sein konnte?
- Habe ich regelmäßig am Religionsunterricht teilgenommen, gut mitgearbeitet und meine Aufgaben gemacht?

Menschen lieben

Gott will, dass wir die Menschen lieben. Deshalb frage ich mich:

- Habe ich **gern geholfen,** wenn mich jemand brauchte (Eltern, Schulkameraden, Kinder in der Unterrichtsgruppe, ältere Leute)?
- Habe ich **aufmerksam hingehört,** wenn Mutter oder Vater mir etwas Wichtiges sagen wollten?
- War ich Spielverderber?
- Habe ich mich nach einem Streit wieder vertragen?
- Habe ich im Straßenverkehr die Regeln eingehalten?
- Habe ich meine eigenen Sachen in Ordnung gehalten?
- Habe ich das **Eigentum anderer** beschädigt, nicht zurückgegeben?
- Habe ich gestohlen (Geld zu Hause, Sachen in der Schule, Waren in Kaufhäusern und Selbstbedienungsgeschäften)?
- Habe ich in der Bahn und im Bus ehrlich bezahlt?

Selbst gut und tüchtig werden

Gott will, dass wir selbst gut und tüchtig werden. Deshalb frage ich mich:
- Habe ich mich für Kinder **eingesetzt,** denen andere Unrecht getan haben?
- Habe ich auch mit Kindern gespielt, die ich nicht mag?
- Habe ich **die Wahrheit** gesagt?
- Habe ich beim Spiel oder bei der Arbeit geschummelt?
- Habe ich mich zum Bösen überreden lassen (Lüge, Diebstahl, keine Ehrfurcht vor dem eigenen Leib und dem Leib des anderen, böse Streiche)?
- Konnte ich **verzichten,** wenn ich naschen wollte?
- Habe ich zuviel vor dem Fernseher gesessen?
- Bin ich pünktlich aufgestanden?
-
-

Male, wie Zachäus Jesus aufnimmt!

11 Gott verzeiht

Ein Mann hatte einem Arbeitskameraden tausend Mark geliehen. Eines Tages ging er zu ihm hin und verlangte sein Geld zurück. Der andere hatte nicht soviel Geld. Er konnte es noch nicht zurückgeben…

Überlege: Was könnte der Mann tun, der das Geld verborgt hatte?

1. . . . .

. . . .

. . . .

2. . . . .

. . . .

. . . .

3. . . . .

. . . .

. . . .

Wer Gutes unterlässt oder gar Böses tut, der wird vor Gott und den Menschen schuldig.
Jesus hat uns gesagt wie Gott dazu steht. Er verkündet uns die frohe Nachricht: Gott ist bereit, alle Schulden zu streichen und auszulöschen.
Er will vergeben, aber er fordert auch etwas von uns.

In einer Beispielerzählung macht Jesus das deutlich: Gott kann man mit einem Herrscher vergleichen, der mit seinen Verwaltern Abrechnung hält. Da brachte man einen, der ihm hunderttausend Mark schuldete. Da er nicht bezahlen konnte, befahl der Herr, ihn und seine Familie und all seinen Besitz zu verkaufen. Von dem Geld sollte er seine Schulden bezahlen. Da warf sich der Verwalter zu Füßen seines Herrn und bettelte: „Habe Geduld, ich werde dir alles zurückerstatten." Da hatte der Herr Erbarmen und schenkte ihm die ganze Schuld.
Beim Hinausgehen traf der Verwalter einen anderen Mitarbeiter, der ihm hundert Mark schuldete. Von ihm verlangte er sofort alles Geld zurück. Da half auch kein Betteln. Erbarmungslos ließ er ihn einsperren. Davon hörte der Herr. Voll Zorn ließ er ihn herbeibringen und sagte ihm: „Du böser Verwalter, dir habe ich die ganze Schuld erlassen. Musstest du dich nicht auch deines Mitarbeiters erbarmen, wie ich mich deiner erbarmt habe?" Nun ließ der Herr ihn einsperren, bis er die ganze Schuld bezahlt hätte.
Jesus fügt an: „So wird auch mein himmlischer Vater mit euch verfahren, wenn nicht jeder von euch seinem Bruder von Herzen verzeiht."

Wir dürfen mit der Vergebung Gottes rechnen, wenn unsere Sünden uns leid tun und wir selbst bereit sind, anderen zu vergeben.

Jesus sagt: Vergebt, so wird euch vergeben werden.
Deshalb beten wir: Vergib uns unsere Schuld,
wie auch wir vergeben unseren Schuldigern.

Spielt in der Gruppe:

Wie können wir andere Menschen um Vergebung bitten?

Wie können wir anderen zeigen, dass wir ihnen vergeben?

Wie können wir angerichteten Schaden wieder gutmachen?

Das böse Wort

Wie fing es an?
Wer ist schuld daran?
Du oder ich oder das böse Wort?
Aber bitte, geh nicht fort!
Willst du nicht die Marke aus Portugal
oder lieber den blauen Ball?

Lass mich nicht allein!
Ich geb dir auch den Stein,
den Zauberkasten
oder die goldenen Quasten,
sogar meinen Indianerhut,
aber bitte, sei wieder gut.

Male ein Bild zu dem Gedicht auf der vorigen Seite!

12 Wir gehen den Weg der Buße

Du weißt, was Gott von uns Christen fordert:

Gott lieben	Menschen lieben	Selbst gut und tüchtig werden

Hier sind Beispiele von Kindern, die etwas nicht gut gemacht haben.
Schreibe dahinter, welche der drei Forderungen sie nicht erfüllt haben.

Ulrike geht spielen und trocknet nicht ab. ( )
Uwe verpetzt seinen Mitschüler Armin. ( )
Norbert sieht zu, wie Klemens verprügelt wird. ( )
Anja stiehlt in der Kaufhalle ein Päckchen Kaugummi. ( )
Dirk geht am Sonntag nicht zur Kirche. ( )
Manuela belügt ihre Mutter. ( )
Jeanette gibt alles Taschengeld für Eis aus. ( )
Christina vergisst ständig ihr Abendgebet. ( )
Sylvia bezahlt dreimal nicht im Omnibus. ( )

Bilde 5 Sätze, wie sie ihre Schuld bekennen müssten!. . . . .

. . . .

. . . .

. . . .

. . . .

. . . .

Wer etwas Böses getan hat, ist auf einen falschen Weg geraten: Er muss umkehren. Ein anderes Wort für Umkehr ist Buße. Wer gesündigt hat, muss Buße tun!

Dies sind **die Schritte der Buße:**

1. Schritt: **Besinne dich!** (Gewissenserforschung)
   Wir fragen, ob wir die Gebote Gottes in unserem Leben erfüllt haben. Auf diese Frage gibt uns unser inneres Empfinden, unser Gewissen Antwort. Es sagt uns, dass wir manchmal etwas getan haben, was Gott nicht will.
   Das überlegen wir uns.

2. Schritt: **Bereue!** (Reue – Vorsatz)
   Über alles, was gut war, freuen wir uns.
   Das Böse dagegen lässt uns keine Ruhe; wir schämen uns. Wir möchten es am liebsten weg haben.
   Wer Gott liebt, der ist besonders darüber traurig, dass er ihn betrübt hat. Er nimmt sich vor, die Sünde nicht wieder zu tun.
   Wer so empfindet, der hat Reue.
   Die Reue ist der wichtigste Schritt auf dem Weg zur Buße.

3. Schritt: **Bekenne!** (Beichte)
   In der heiligen Beichte bekennen (beichten) wir unsere Sünden vor Gott und der Kirche.

4. Schritt: **Bessere dich!** (Bußwerk)
   Zum Zeichen dafür, dass wir auf dem Weg zum Guten weitergehen wollen, übernehmen wir ein Bußwerk. Dieses ist meistens ein Gebet.

Was muss ich tun, wenn ich das Bußsakrament empfangen will?
Ich besinne mich (Gewissenserforschung)
Ich bereue (Reue und Vorsatz)
Ich bekenne (Bekenntnis)
Ich bessere mich (Bußwerk)

Vorbereitungsgebet für die hl. Beichte

Bete um die Hilfe Gottes!

Gott, ich komme zu dir. Denn ich weiß: Du schaust mit Liebe auf mich. Du siehst, was gut ist in meinem Leben. Du siehst auch, was ich falsch mache. Du kennst mich genau. Vor dir kann ich ehrlich sein. Dir kann ich alles sagen. Du vergibst mir. Deshalb komme ich zu dir.

65.1

Reuegebete

Guter Gott!
Ich möchte gut sein. Ich möchte tun, was du willst.
Ich möchte den anderen helfen.
Ich habe es nicht immer fertig gebracht.
Verzeih mir!

Guter Gott!
Du hast mir soviel Schönes geschenkt.
Ich möchte dankbar sein.
Leider habe ich viel zuviel an mich selbst gedacht.
Verzeih mir!

Guter Gott!
Ich habe Böses angestellt und kann nicht alles gutmachen.
Jesus hat das Böse besiegt.
Er ist am Kreuz für mich gestorben
und hat sein Blut vergossen zur Vergebung der Sünden.
Verzeih mir!

Guter Gott!
Ich darf dir helfen,
den anderen Menschen deine Liebe zu zeigen.
Ich nehme mir vor: ... (Fasse hier deinen eigenen Vorsatz.)
Hilf mir dabei! Amen.

65.3

Gott, unser Vater, durch deinen Sohn hast du uns gezeigt, wie sehr du uns liebst. Ich aber habe Unrecht getan gegen dich und gegen meine Mitmenschen.
Guter Vater, es tut mir leid. Bitte, verzeih es mir.
Ich will mich bessern. Amen.

Du guter Vater, großer Gott, viel Gutes gabst du mir.
Dein Kind bin ich, du sorgst für mich. Wie dankte ich dafür?

Du liebst die Menschen, hast sie gern und willst sie glücklich sehn.
Ich aber dachte oft an mich, ließ sie beiseite stehn.

Nun aber komme ich zu dir, o Herr und Vater mein.
Ich war nicht gut, das tut mir leid, will wieder besser sein.

Ich kehre um. - Du nimmst mich auf, verzeihst die Sünden mir.
Du hilfst mir, wieder gut zu sein. Ich danke dir dafür. Amen.

Ein kurzes Reuegebet:
Verzeih, o Gott, mein Herr, verzeih,
und wahre Buße mir verleih!

Male eine Treppe mit vier Stufen! - Trage die vier Schritte der Buße ein!

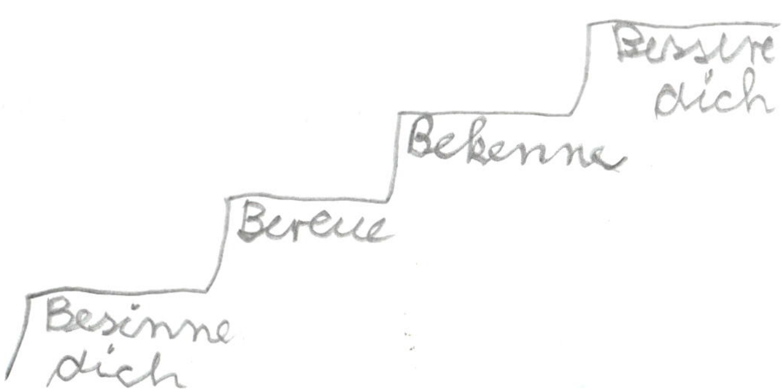

13 Gott hat die Welt mit sich versöhnt

Ergänze mit Hilfe deiner Eltern folgende Sätze:

Jesus ist für die Menschen in Betlehem gebohren, denn Gott wollte ein Mensch sein.

Jesus hat für die Menschen in seinem Heimatland das Wort Gottes verkündet, denn alle Menschen sollten von Gott hören.

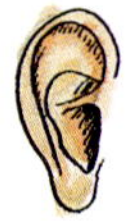

Jesus hat den Blinden sehend gemacht, denn alle Menschen sollten zum Glauben kommen.

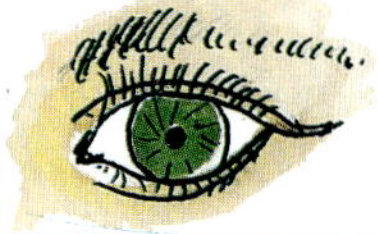

Jesus hat dem Zachäus die Schuld genommen, denn Gott will allen Menschen ihre Sünden vergeben.

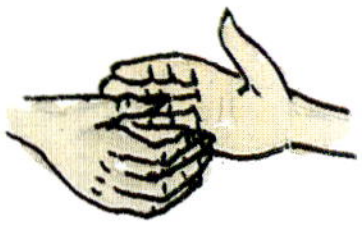

Jesus hat für die Menschen am Kreuz sein Leben hingegeben, denn alle Menschen sollten von Gott ewiges Leben erhalten.

Jesus ist für die Menschen von den Toten auferstanden, denn alle Menschen sollen an ihn glauben.

Alle Menschen möchten gut sein. Von Kind an haben sie ein Gespür dafür. Sie wollen helfen, wahrhaftig sein, gehorchen. Aber es gelingt ihnen nicht immer. Oft denken die Menschen nur an sich, leben nur für sich, suchen nur ihren eigenen Vorteil.

Jesus hat uns gezeigt, wie Gott die Menschen eigentlich will:
Gott will die Menschen als Söhne. (Versöhnung)
Gott will die Menschen im Frieden. (Vergebung)
Gott will die Menschen in Freiheit. (Erlösung)

Gott hat uns einen Menschen gegeben, der so ist wie wir alle und doch nie an sich denkt: Jesus, seinen Sohn. Jesus hat für die Menschen gelebt.
Jesus ist für die Menschen gestorben. Nicht einmal der Tod konnte ihn festhalten. Er war so frei, dass er **auferstanden** ist. Er lebt und ist allezeit für uns Menschen da.
Am Ostertag zeigte sich Jesus seinen Freunden lebend. Er sagte zu den Aposteln: „Empfanget den Heiligen Geist. Wem ihr die Sünden nachlasst, dem sind sie nachgelassen.“ Damit gab er den Aposteln den Auftrag, den Menschen ihre Sünden zu vergeben.

Der Priester sagt bei der heiligen Beichte:
Gott, der barmherzige Vater, hat durch den Tod und die Auferstehung seines Sohnes die Welt mit sich versöhnt und den Heiligen Geist gesandt zur Vergebung der Sünden.

Kyrie-Litanei

Du Kind der Jungfrau Maria.
Du rufst die Menschen zur Umkehr.
Du sagst uns die Frohe Botschaft.

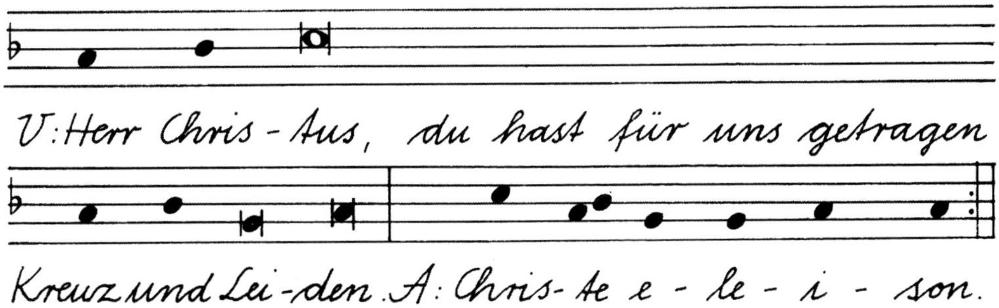

Du bist für uns auferstanden von den Toten.
Du bringst uns die Vergebung des Vaters.
Du wendest dich den Sündern zu.

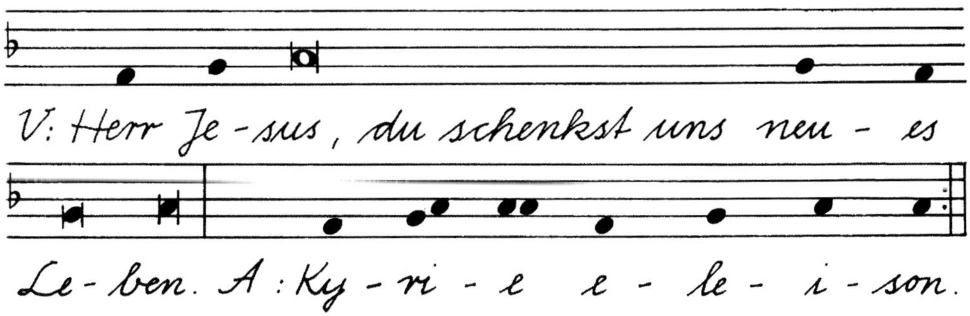

Du wirst wiederkommen in Herrlichkeit.
Du bist verherrlicht in deinen Heiligen.
Mach auch uns zu Kindern des Friedens.

GL 495

Ich danke dir, Herr Jesus Christ, dass du für mich gestorben bist.

Wir beten dich an, Herr Jesus Christus, und preisen dich, denn durch dein heiliges Kreuz hast du die ganze Welt erlöst.

Male ein Kreuz mit Strahlen und klebe darauf ein Bild vom Auferstandenen! – Oder: Male ein Kreuz mit Strahlen und zeichne die fünf Wundmale Jesu ein!

14 Gott schenkt uns durch die Kirche die Versöhnung

Erkläre mit Hilfe deiner Eltern folgende Wörter:

Beichte ....

....

....

Beichtgeheimnis ....

....

....

Beichgelegenheit ....

....

....

Beichtgespräch ....

....

....

Beichtstuhl ....

....

....

Beichtraum ....

....

....

Nach Ostern hat der auferstandene Herr den Aposteln den Heiligen Geist mitgeteilt und ihnen die **Vollmacht übertragen, allen Menschen Sünden zu vergeben.**

Heute haben die Bischöfe und Priester als Diener der Kirche diese Vollmacht.

Durch den Dienst der Kirche vergibt Gott dem, der seine Sünden bereut und das Böse gutmachen will, alle Sünden. Das geschieht im heiligen Sakrament der Buße, **bei der „Feier der Versöhnung".**

Ich bekenne Gott, dem Allmächtigen, und allen Brüdern und Schwestern, dass ich Gutes unterlassen und Böses getan habe.
Ich habe gesündigt in Gedanken, Worten und Werken durch meine Schuld, durch meine Schuld, durch meine große Schuld. Darum bitte ich die selige Jungfrau Maria, alle Engel und Heiligen und euch, Brüder und Schwestern, für mich zu beten bei Gott, unserm Herrn.

Der Priester gibt die Lossprechung:
„Gott, der barmherzige Vater, hat durch den Tod und die Auferstehung seines Sohnes die Welt mit sich versöhnt und den Heiligen Geist gesandt zur Vergebung der Sünden. Durch den Dienst der Kirche schenke er dir Verzeihung und Frieden.
So spreche ich dich los von deinen Sünden im Namen des Vaters und des Sohnes und des Heiligen Geistes. Amen."

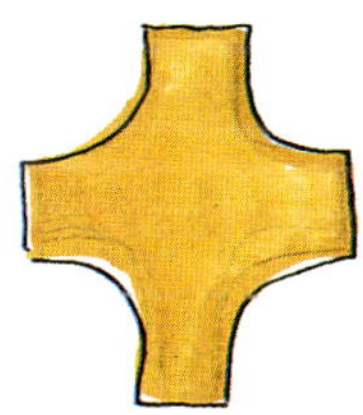

Jesus sagte zu den Aposteln:
Empfanget den Heiligen Geist!
Wem ihr die Sünden nachlasst,
dem sind sie nachgelassen.

Der Empfang des Bußsakramentes

1. Gebet vor dem Empfang des Bußsakramentes (Seite 52)

2. Gewissenserforschung (Seite 44–45)

3. **Reue**gebet (Seite 52–53)

4. **Bekenntnis** und Lossprechung (Seite 59)

Im Beichtstuhl beginnst du: „Im Namen des Vaters und des Sohnes und des Heiligen Geistes. Amen.
Meine letzte Beichte war vor ... Wochen.
Vor Gott und der Kirche bekenne ich meine Sünden."
Dann sag, was du dir überlegt hast.
Nach dem Bekenntnis kannst du sagen: „Das sind meine Sünden. Ich bereue sie von Herzen."
Dann spricht der Priester mit dir („Beichtgespräch").
Er gibt dir ein „Bußwerk" auf.
Jetzt betet der Priester für dich und gibt dir die **Lossprechung.**
Du antwortest: „Amen."
Am Schluss sagt der Priester: „Deine Sünden sind dir vergeben. Gehe hin in Frieden." Du antwortest: „Dank sei Gott, dem Herrn."

5. Gebet nach der heiligen Beichte:

Nach der heiligen Beichte suche dir einen Platz in der Kirche, an dem du nicht gestört wirst. Dort betest du das **Bußgebet,** das der Priester dir aufgegeben hat.
Dann danke Gott mit eigenen Worten.
Du kannst auch das folgende **Dankgebet** sprechen:

Gott, mein Vater, du bist gut!
Du hast mir durch den Priester die Sünden vergeben.
Ich bin so froh darüber.
Ich danke dir!
Jesus, du hast die Kinder zu dir gerufen
und sie gesegnet.

Ich danke dir,
dass du mich wieder zum Vater geführt hast.
Du bist dem Vater gehorsam gewesen
bis zum Tod am Kreuz.
Gib mir den Heiligen Geist, damit ich mutig und treu bin und meinen Vorsatz...
nicht vergesse.
Ich will in deiner Liebe bleiben. Amen.

65.5

Hinweise:

1. Es ist wichtig, dass der Priester weiß, wie alt du bist und wann deine letzte heilige Beichte war.

2. Es ist hilfreich, wenn du regelmäßig das Bußsakrament empfängst (am besten monatlich, wenigstens zu den großen Festen).

3. Es ist schön, wenn du vor der heiligen Beichte denen ein Zeichen der Liebe gibst, zu denen du böse warst.

4. Es passt gut zum Bußsakrament, wenn du nach der heiligen Beicht aus Dankbarkeit irgendeinem Menschen unerkannt eine kleine Freude bereitest.

5. Es hilft weiter, wenn du dir vornimmst, wenigstens etwas besonders gut zu machen.

6. J e d e r Priester hat die Vollmacht, das Bußsakrament zu spenden. Deshalb kannst du dir deinen Beichtpriester (= Beichtvater) auswählen. Nützlich ist es, wenn du eine Zeit lang den gleichen Beichtvater behältst.

7. Über alles, was der Priester bei der Beichte hört, muss er unter allen Umständen und gegenüber jedermann strenges Stillschweigen halten (Beichtgeheimnis).

8. Wenn du beim Beichtgespräch etwas nicht verstanden hast oder das Bußwerk nicht tun kannst, sage es dem Priester.

Vorbereitung auf den Empfang der heiligen Kommunion

15 Unsere Gemeinde feiert die heilige Messe

Du gehörst zur Gemeinde der Christen, denn du bist getauft. Du hast das heilige Sakrament der Buße empfangen. Du hast schon öfter die heilige Messe mitgefeiert. Du kennst viele Lieder und Gebete. Nun sollst du im Kommunionunterricht die heilige Messe besser kennen lernen, denn du sollst nicht nur zuschauen, sondern mittun.

Wir Christen gehen zur Kirche und versammeln uns in der Kirche. Jesus Christus hat uns eingeladen.

Für die Christen ist der Sonntag ein Feiertag, der Tag des Herrn. Sie hören das Wort des Herrn. Sie beten mit dem Herrn. Sie halten das heilige Mahl mit dem Herrn. Sie feiern das Opfer des Herrn.

So verläuft die Feier der heiligen Messe:

Eröffnung (1)
Wortgottesdienst (2)
Eucharistiefeier (3)
Entlassung (4)

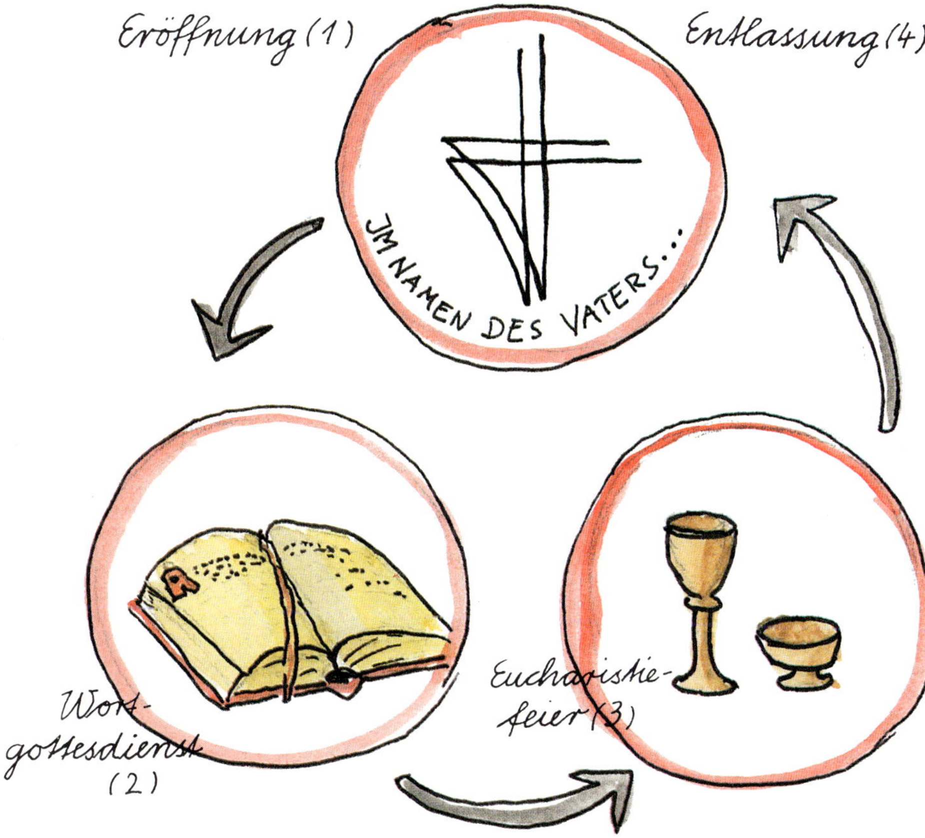

Die heilige Messe besteht aus zwei Teilen:
Im Wortgottesdienst hören wir das Wort des Herrn. In der Eucharistiefeier halten wir das heilige Mahl mit dem Herrn.

Überlege mit deinen Eltern:

Wie kannst du dich auf die heilige Messe vorbereiten? ....

....

....

Was sollst du zur heiligen Messe mitnehmen? ....

....

....

Wie kannst du dich an der Feier der heiligen Messe beteiligen? ....

....

....

2. /: Du legst uns deine Worte und deine Taten vor. :/
/: Herr, öffne unsre Herzen und unser Ohr. :/
3. /: Herr, sammle die Gedanken und schick uns deinen Geist,:/
/: der uns das Hören lehrt und dir folgen heißt.:/

505

Bei der Feier des Gottesdienstes braucht die Gemeinde das Gebet- und Gesangbuch „GOTTESLOB“. Über die heilige Messe geben besonders Auskunft die Nummern

351
–366

Male dein Gebetbuch!

Wenn ich zur Kirche gehe, will ich mein Gebetbuch „Gotteslob“ mitnehmen. Ich will es aber auch zu Hause zum Beten gebrauchen und darin lesen.

16 Jesus weiß, was wir Menschen brauchen

Überlege, was wir Menschen zum Leben brauchen! . . . .

. . . .

. . . .

. . . .

Woher bekommen wir, was wir zum Leben brauchen? . . . .

. . . .

. . . .

. . . .

Wer arbeitet und sorgt für das, was wir zum Leben brauchen? . . . .

. . . .

. . . .

. . . .

Aus dem Evangelium nach Markus:

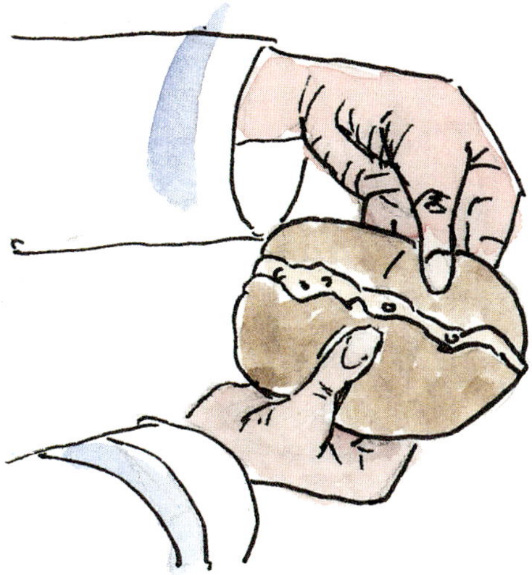

Als Jesus aus dem Boot stieg, sah er die vielen Menschen. Sie taten ihm leid, denn sie kamen ihm vor wie Schafe, die keinen Hirten haben. Darum sprach er lange zu ihnen. Als es Abend wurde, kamen die Jünger zu Jesus und sagten: „Es ist schon spät, und die Gegend hier ist einsam. Darum schicke die Leute in die Dörfer und auf die Höfe ringsum, damit sie sich etwas zu essen kaufen." „Warum?", erwiderte Jesus. „Gebt doch ihr ihnen zu essen!" Sie wandten ein: „Dann müssten wir ja für 200 Silberstücke Brot einkaufen!" Aber Jesus befahl ihnen: „Seht nach, wie viele Brote ihr hier habt!" Sie taten es und berichteten: „Fünf Brote sind da und zwei Fische."
Jesus ordnete an, sie sollten die Leute in Gruppen einteilen und sie auffordern, sich ins Gras zu setzen. So lagerten sich die Leute in Gruppen zu hundert und zu fünfzig.
Dann nahm Jesus die fünf Brote und die zwei Fische, sah zum Himmel auf und dankte Gott dafür. Er brach die Brote in Stücke, gab sie den Jüngern, und die verteilten sie. Dann teilte er auch die beiden Fische aus. Alle bekamen genug zu essen. Die Jünger füllten sogar noch zwölf Körbe mit dem, was von den Broten und den Fischen übrig blieb. Etwa 5000 Männer hatten an der Mahlzeit teilgenommen.

Jesus verkündet den Menschen das Wort Gottes und gibt ihnen Brot.
Jesus sagt: „Nicht vom Brot allein lebt der Mensch, sondern von jedem Wort, das aus dem Munde Gottes kommt."

Jesus weiß, was wir zum Leben brauchen. Sein himmlischer Vater wird es uns geben, wenn wir ihn voll Vertrauen darum bitten. Bei jeder heiligen Messe beten wir zu Gott, wie Jesus uns zu beten gelehrt hat:

362

Denn dein ist das Reich und die Kraft und die Herrlichkeit in Ewigkeit.

Male die Brote, die Fische und die Körbe!

Schreibe, was Jesus beim Brotwunder tat; ergänze folgende Sätze: . . . .

Jesus nahm . . . .

Er sprach das . . . .

Er zerbrach die . . . .

Er ließ die Brote . . . .

In meinem Leben brauche ich den Rat und die Hilfe anderer Menschen, und die anderen brauchen mich. Noch wichtiger aber ist, was Gott mir zu sagen hat. Auf ihn will ich hören.

17 Jesus will das lebendige Brot geben

Brot ist für uns das wichtigste Nahrungsmittel.
Wer Brot hat, braucht nicht zu hungern.

Es gibt verschiedene Sorten von Brot. Nenne einige: . . . .

. . . .

. . . .

. . . .

Auch bei der Feier der heiligen Messe wird Brot gebraucht (Hostien).

Aus dem Evangelium nach Johannes:

Am Tage nach dem Brotwunder ging Jesus mit seinen Jüngern in die Synagoge von Kafarnaum.
Die Leute, die Jesus wunderbar gespeist hatte, suchten ihn. Als sie ihn endlich fanden, fragten sie ihn:
„Meister, wann bist du hierher gekommen?“
Jesus sprach: „Ihr sucht mich, weil ihr von dem Brot gegessen habt und satt geworden seid. Bemüht euch nicht um vergängliche Speise, sondern um jene Speise, die bleibt bis ins ewige Leben.“
Da sagten sie: „Herr, gib uns immer dieses Brot!“
Jesus antwortete:
„Ich bin das lebendige Brot, das vom Himmel herabgekommen ist. Wer von diesem Brot isst wird leben in Ewigkeit.
Das Brot, das ich geben werde, ist mein Fleisch für das Leben der Welt.“
Da stritten die Juden untereinander und sagten: „Wie kann uns dieser sein Fleisch zu essen geben?“
Jesus sprach zu ihnen:
„Und trotzdem sage ich euch: Wenn ihr das Fleisch des Menschensohnes nicht esst und sein Blut nicht trinkt, habt ihr das Leben nicht in euch!
Wer mein Fleisch isst und mein Blut trinkt, der hat das ewige Leben, und ich werde ihn auferwecken am Letzten Tag.
Denn mein Fleisch ist wahrhaft eine Speise, und mein Blut ist wahrhaft ein Trank.
Wer mein Fleisch isst und mein Blut trinkt, der bleibt in mir und ich in ihm.“

*Wir hören, was Jesus sagt: „Das Brot, das ich geben werde, ist mein Leib.“
Wir glauben: Im heiligen Mahl gibt uns Jesus seinen Leib und sein Blut. Er bleibt in uns und wir bleiben in ihm.*

1. Wir rühmen dich, König der Herrlichkeit,
denn du gibst uns Speise zur rechten Zeit.
2. Du sättigst in Güte alles, was lebt,
was hungernd zu dir seine Hände erhebt.
3. Du Heiland, der Labung den Dürstenden gibt,
Erlöser, der uns bis zum Ende geliebt.
4. Du warst überliefert dem bitteren Tod;
nun gibst du dich selber im heiligen Brot.
5. Du trankest den Kelch voller Ängste und Leid;
nun reichst du den Becher der Herrlichkeit.
6. Sooft wir nun essen von diesem Brot,
verkünden wir, Christus, deinen Tod.
7. Du Nahrung auf unserer Pilgerschaft,
der Müden Labsal, der Kranken Kraft.
8. In dir ist das Leben durch ewige Zeit,
du Manna der Unsterblichkeit.
9. Du Quell, der in unsere Wüste sich gießt,
du Strom, der ins ewige Leben fließt.
10. Herr, dein ist die Ehre und Weisheit und Macht,
dir, Höchster, sei unser Lob dargebracht.

483

Lerne das Christusgebet und bete es zur Vorbereitung auf die heilige Kommunion:

Sei gepriesen, Herr Jesus Christus,
Sohn des lebendigen Gottes.
Du bist der Erlöser der Welt,
unser Herr und Heiland.
Du gibst uns das Brot des Lebens.
Komm, Herr Jesus,
und steh uns bei, dass wir alle Zeit mit dir leben
und in das Reich deines Vaters gelangen. Amen.

6.3

Viele Menschen kamen zu Jesus. Sie wollten Brot. Er aber wollte ihnen mehr geben.
vergleiche:

Brot	*Jesus*
stillt Hunger,	gibt die heilige Speise,
gibt Kraft,	stärkt zum Guten,
schmeckt gut,	macht froh,
erhält das Leben,	gibt ewiges Leben,
verbindet einander.	schenkt Gemeinschaft (= Kommunion).

Schreibe als Gebet, was du von Jesus erwartest!

. . . .

. . . .

. . . .

. . . .

. . . .

. . . .

. . . .

. . . .

. . . .

. . . .

Wer die heilige Speise empfängt, wird eins mit Christus. Deshalb will ich die heilige Kommunion empfangen, sooft ich kann.

18 Jesus hält mit seinen Freunden das Abendmahl

Eines Tages sagte Jesus zu den zwölf Aposteln: „Seht, wir gehen jetzt hinauf nach Jerusalem. Dort wird sich alles erfüllen, was in den heiligen Schriften über Christus geschrieben steht. Die Menschen werden ihn auslachen und anspucken, sie werden ihn auspeitschen und töten. Und am dritten Tag wird er auferstehen“ (vgl. Lk 18, 31ff.).
In Jerusalem wollte Jesus mit seinen Freunden das Ostermahl halten. Er wusste: Dies wird sein letztes Ostermahl sein, denn seine Feinde hatten seinen Tod beschlossen.
Jesus war zu allem bereit. Er hat für die Menschen gelebt. Wenn es sein musste, wollte er nun auch für sie sterben. Doch bevor er seinen Leidensweg begann und sein Leben am Kreuz zum Opfer darbrachte, wollte er den Menschen ein Andenken übergeben. Deshalb hatte Jesus mit großer Sehnsucht auf dieses Ostermahl gewartet.
Am Abend vor seinem Leiden nahm Jesus das Brot und sagte Dank, brach es, reichte es seinen Jüngern und sprach: „Nehmet und esset alle davon: das ist mein Leib, der für euch hingegeben wird.“
Ebenso nahm er nach dem Mahl den Kelch, dankte wiederum, reichte ihn seinen Jüngern und sprach: „Nehmet und trinket alle daraus: das ist der Kelch des Neuen und ewigen Bundes, mein Blut, das für euch und für alle vergossen wird zur Vergebung der Sünden. Tut dies zu meinem Gedächtnis!“
So gab Jesus den Jüngern beim letzten Abendmahl seinen Leib und sein Blut als Speise und Trank. Er wollte, dass sie immer an ihn denken, seine Liebe allen Menschen verkünden und im heiligen Mahl mit ihm verbunden bleiben.

Beim letzten Abendmahl sagte Jesus:
„Nehmet und esset, das ist mein Leib, der für euch hingegeben wird.
Nehmet und trinket, das ist mein Blut, das für euch vergossen wird zur Vergebung der Sünden.
Tut dies zu meinem Gedächtnis.“

537

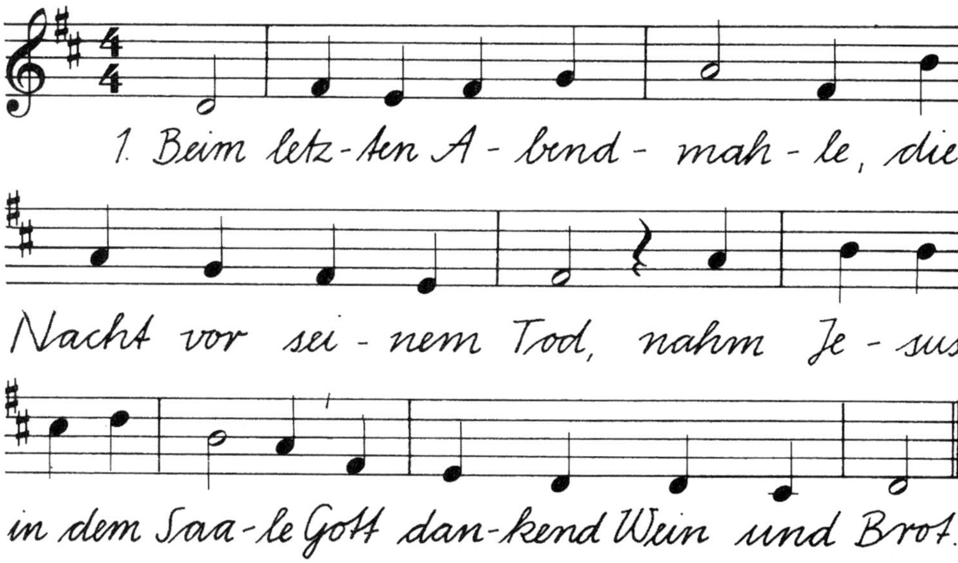

2. „Nehmt", sprach er, „trinket, esset: | das ist mein Fleisch, mein Blut, | damit ihr nie vergesset, | was meine Liebe tut."

3. Dann ging er hin zu sterben | aus liebevollem Sinn, | gab, Heil uns zu erwerben, | sich selbst zum Opfer hin.

Klebe mit Buntpapier einen Tisch mit Brot und Kelch!

Beim letzten Abendmahl hat Jesus seinen Freunden gesagt und gezeigt, wie sehr er alle Menschen liebhat. Er hat auch mich lieb. Deshalb will ich oft an ihn denken und ihn in meinem Leben nicht enttäuschen.

19 Die Kirche feiert das Opfer Christi

Für einen Menschen, den wir liebhaben, geben wir gern etwas her. Es fällt uns nicht schwer, ihm ein Geschenk auszusuchen. Wir legen für ihn bei anderen ein gutes Wort ein und wünschen uns sehr, dass es ihm gut geht.

Jesus war zu a l l e n Menschen gut. Er hat sich für alle eingesetzt. Alle sollten es hören und wissen: Gott ist für alle Menschen da! Mit Jesus ist Gott zu uns gekommen. Er hat alle Menschen lieb: die Frohen und die Traurigen, die Guten und die Sünder, die an ihn glauben und die ihn ablehnen, sogar jene, die ihn hassen und töten. Eine größere Liebe gibt es nicht als die, dass einer sein Leben hingibt für seine Freunde und Feinde. Das hat Jesus getan. Er hat sich für uns alle am Kreuz zum Opfer dargebracht.

In seinem Leben und Sterben hat Jesus uns auch gezeigt, dass es nichts Wichtigeres gibt, als Gott aus ganzem Herzen zu lieben und die anderen Menschen wie uns selbst. Wer Jesus lieb hat, setzt sich wie er für die Menschen ein. So wird er mit Jesus auch selbst zu einer Opfergabe, die Gott gefällt.

In jeder heiligen Messe feiert die Kirche das Gedächtnis des Todes und der Auferstehung des Herrn. Sie erfüllt den Auftrag Jesu, **der sich für uns zum Opfer dargebracht hat.** Wir empfangen dabei Christi Leib und Blut und schenken uns durch ihn dem himmlischen Vater.

Die heilige Messe ist
- das heilige Mahl der Kirche
- die Feier des Opfers Christi
- das Gedächtnis des Todes und der Auferstehung des Herrn.

Bei der Eucharistiefeier lädt der Priester alle Gläubigen ein, den Tod und die Auferstehung des Herrn zu bekennen:

Male den Altar in eurer Kirche!

Schreibe hier die Worte auf, mit denen Jesus den Auftrag zur Feier der heiligen Eucharistie gegeben hat . . . .

. . . .

. . . .

. . . .

. . . .

Jesus hat sein Leben für die Menschen zum Opfer dargebracht. Weil ich Christ bin und Gott aus ganzem Herzen liebe, will ich mich auch für die Menschen einsetzen, wo immer ich gebraucht werde.

20 Wir kommen zusammen

An jedem Sonntag kommen die Christen zusammen und feiern das Gedächtnis des Herrn. Die äußere Gestalt ihrer Zusammenkunft kann sehr verschieden sein. In großen Kathedralen und Domen versammeln sie sich mit ihrem Bischof, in den Pfarrkirchen mit ihrem Pfarrer. Manchmal kommen so viele Christen zusammen, dass man sie kaum zählen kann. Dann feiern sie die heilige Messe unter freiem Himmel oder unter einem Zeltdach. Die kleineren Gemeinden, die keine eigene Kirche haben, versammeln sich zur Messfeier entweder in evangelischen Kirchen oder in Wohnräumen. Alle suchen die Nähe des Herrn, der gesagt hat: „Wo zwei oder drei in meinem Namen versammelt sind, da bin ich mitten unter ihnen."
Zu Beginn der heiligen Messe machen die Gläubigen das Kreuzzeichen, **denn sie wissen: der gekreuzigte und auferstandene Herr hält uns zusammen.**
Sie rufen und singen: „Kyrie eleison– Herr, erbarme dich", denn sie sind gewiss: der auferstandene Herr kommt und vergibt alle Schuld.
Sie erheben ihre Hände zum Gebet. Sie haben Vertrauen, dass Gott sie erhört, weil Christus mit ihnen betet.
Der Priester begrüßt sie: „Der Herr sei mit euch!"
Sie glauben, dass Christus ihnen nahe ist.

Jesus sagt: „Wo zwei oder drei in meinem Namen versammelt sind, da bin ich mitten unter ihnen."

Eröffnung

Die Gemeinde singt den Gesang zur Eröffnung.

Priester: Im Namen des Vaters und des Sohnes und des Heiligen Geistes.
Alle: Amen.
Priester: Der Herr sei mit euch!
Alle: Und mit deinem Geiste.

Die Gemeinde ruft Christus, den Herrn. Sie bekennt ihre Schuld und bittet um Vergebung.

Kyrie eleison
Herr, erbarme dich.
Christus, erbarme dich.
Herr, erbarme dich.

425

An Sonn- und Festtagen wird das Gloria angefügt.

Es ist ein Loblied auf den Herrn.
Es kann gemeinsam gesprochen
oder gesungen werden.

354

Dir Gott im Himmel Preis und Ehr,
den Menschen Fried auf Erden.
Allmächtger Vater, König, Herr,
du sollst verherrlicht werden.
Herr Christ, Lamm Gottes, erbarme dich;
du bist der Höchste ewiglich im Reich des Vaters. Amen.

476

Priester: Lasset uns beten. (Die Gemeinde betet still.)
Heiliger Gott, wir haben uns im Namen deines Sohnes versammelt, und er ist in unsrer Mitte. Lass uns einstimmen in das Opfer des Lobes, das er dir darbringt, und mach uns würdig für diesen frohen Dienst. Darum bitten wir durch Jesus Christus, deinen Sohn, unsern Herrn und Gott, der in der Einheit des Heiligen Geistes mit dir lebt und herrscht in alle Ewigkeit.
Alle: Amen.

Jesus hat gesagt: „Wo zwei oder drei in meinem Namen versammelt sind, da bin ich mitten unter ihnen.“

Klebe dazu ein Bild aus Buntpapier!

An jedem Sonntag, dem Tag des Herrn, will ich die heilige Messe mitfeiern.

21 Wir hören

Apostel an die Gemeinden.
Wenn die Gemeinden sich zum Gottesdienst versammeln, wird aus der Heiligen Schrift vorgelesen. Was in der Heiligen Schrift steht, ist Gottes Wort an die Menschen. Damit wir Gottes Wort richtig verstehen, wird es uns in der Predigt erklärt. Dieser Teil der heiligen Messe heißt **Wortgottesdienst.**

Zu allen Zeiten hat Gott zu den Menschen gesprochen. Was das Gottesvolk in seinem Leben mit Gott erfahren hat, wurde aufgeschrieben und gesammelt in den Schriften des Alten Testamentes.
Schließlich sandte Gott Jesus Christus, seinen Sohn. Er verkündete das Evangelium, die Frohe Botschaft. Seine Worte und Taten wurden aufgeschrieben. Sie sind zusammengefasst im ersten Teil des Neuen Testamentes, in den Evangelien nach Matthäus, Markus, Lukas und Johannes.
Der zweite Teil des Neuen Testaments enthält einige Briefe der

Im Wortgottesdienst hört die Gemeinde das Wort Gottes. Es wird aus der Heiligen Schrift vorgelesen.

Wortgottesdienst

1. Lesung
Der Lektor geht zum Lesepult und trägt die erste Lesung vor. Sie ist meistens aus dem Alten Testament.

Dann folgt als erster Zwischengesang ein Antwortpsalm. Die Gemeinde singt den Kehrvers.

Dein Wort, o Herr, geleitet uns auf allen unseren Wegen

508

2. Lesung
Sie ist in der Regel aus den Briefen der Apostel.

Halleluja. Das Halleluja ist ein Jubelruf, mit dem sich die Gemeinde auf das Evangelium vorbereitet.

509

Evangelium

Priester:	Der Herr sei mit euch.
Alle:	Und mit deinem Geiste.
Priester:	Aus dem heiligen Evangelium nach...
Alle:	Ehre sei dir, o Herr.

(Die Gemeinde steht.)

Predigt
Credo
An Sonntagen und Hochfesten folgt das Glaubensbekenntnis.

Fürbitten

Zum Abschluss des Wortgottesdienstes wendet sich die Gemeinde an ihren Herrn Jesus Christus. Sie hat sein Wort gehört und im Glaubensbekenntnis angenommen. Nun betet sie für die Kirche, für die Regierenden, für die Notleidenden und für ihre eigenen Anliegen.

Lasset uns beten zu unserem Herrn Jesus Christus, der sich aller erbarmt:

1. . . . .

. . . .

. . . . Wir bitten dich, erhöre uns.

2. . . . .

. . . .

. . . . Wir bitten dich, erhöre uns.

3. . . . .

. . . .

. . . . Wir bitten dich, erhöre uns.

4. . . . .

. . . .

. . . . Wir bitten dich, erhöre uns.

Schreibe in die freien Zeilen vier wichtige Fürbitten!

Himmlischer Vater, alles ist dir möglich. Wir vertrauen dir und preisen dich durch Jesus Christus, deinen Sohn, jetzt und in alle Ewigkeit. Amen.

Wenn in der Kirche die Heilige Schrift vorgelesen und erklärt wird, will ich aufmerksam zuhören. So werde ich Gottes Wort immer besser verstehen, mit meinem Mund bekennen und in meinem Herzen bewahren.

22 Wir bereiten den Tisch

Bereitung des Mahles

Im Wortgottesdienst haben die Gläubigen das Wort Gottes gehört. Nun wird ihnen in der Eucharistiefeier das heilige Mahl bereitet.
Jedes festliche Mahl braucht seine besonderen Vorbereitungen. Bei der Feier der heiligen Eucharistie hält sich die Kirche an das, was Jesus beim letzten Abendmahl gesagt und getan hat.
Zuerst wird der Tisch für das heilige Mahl gedeckt. **Die Gläubigen oder die Messdiener, stellvertretend für die Gemeinde, bringen Brot und Wein herbei.** Der Priester nimmt die Gaben entgegen und stellt sie auf den Altartisch.
Auch Geld und andere Gaben werden von den Gläubigen eingesammelt und zum Altar getragen.
In den Gebeten und Gesängen **zur Gabenbereitung bitten wir Gott, dass er die Gaben der Gemeinde annimmt.**

Bei der Bereitung des Mahles wird alles herbeigebracht, was für das heilige Mahl gebraucht wird.

Gabenbereitung

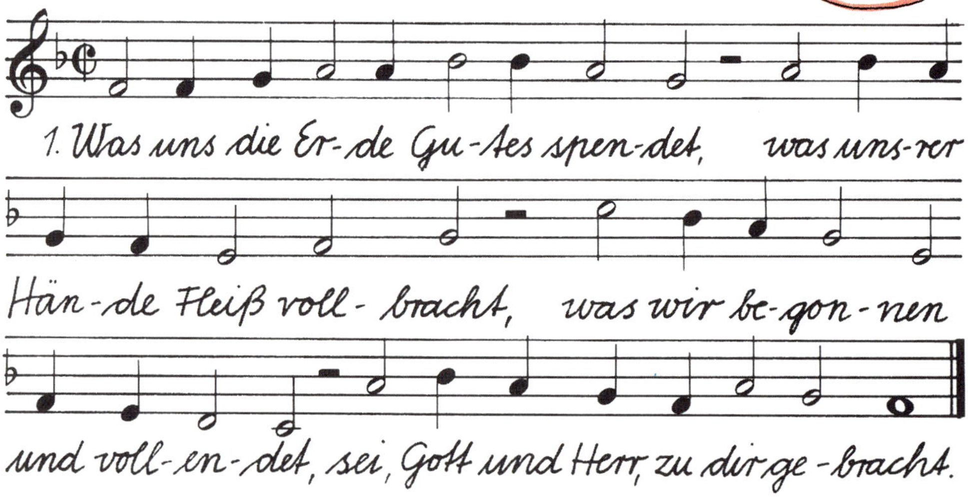

2. Wir legen unsre Gaben nieder
als Lob und Dank vor deinen Thron.
Herr, schenk sie uns verwandelt wieder
in Jesus Christus, deinem Sohn.
3. Wie Wein und Wasser sich verbinden,
so gehen wir in Christus ein;
wir werden die Vollendung finden
und seiner Gottheit teilhaft sein.

490

Einladung zum Gabengebet:

Lasset uns beten zu Gott, dem allmächtigen Vater, dass er die Gaben der Kirche annehme zu seinem Lob und zum Heil der ganzen Welt.

Gabengebet

Herr, unser Gott, wir bringen das Brot dar, das aus vielen Körnern bereitet, und den Wein, der aus vielen Trauben gewonnen ist. Schenke deiner Kirche, was die Gaben geheimnisvoll bezeichnen: die Einheit und den Frieden. Darum bitten wir durch Christus, unseren Herrn. A.: Amen.

359.7

Die Eucharistiefeier ist ein heiliges Mahl. Von den Vorbereitungen eines Festmahls zu Hause können wir für die Mahlvorbereitung in der heiligen Messe lernen.

Überlege und schreibe auf:

Zu Hause	**In der heiligen Messe**
Wir bereiten den Raum	Wir bereiten den Raum ....
....	....
....	....
....	....
Wir bereiten den Tisch	Wir bereiten den Tisch ....
....	....
....	....
....	....
Wir bereiten uns selbst	Wir bereiten uns selbst ....
....	....
....	....
....	....

Bei der heiligen Messe darf ich am heiligen Mahl der Kirche teilnehmen. Dazu muss ich mich vorbereiten. Ich will auch bereit sein zu helfen, wenn mein Dienst in dieser heiligen Feier gebraucht wird.

23 Wir danken und preisen

Das Tischgebet der heiligen Messe

Mit diesem Gebet erreicht die ganze Feier ihre Mitte und ihren Höhepunkt. Daher wird es „Hochgebet“ genannt. **Die Kirche gedenkt der großen Taten Gottes.** Sie zählt voller Freude auf, was Gott in der Welt und an den Menschen getan hat. Sie verkündet dankbar die unendliche Liebe Gottes, die er den Menschen durch den Tod und die Auferstehung Jesu Christi geschenkt hat. Deshalb nennt man das Hochgebet auch „Eucharistie“, Dankgebet.

Der Priester betet das eucharistische Hochgebet vor. Er richtet es im Namen aller Gläubigen durch Jesus Christus an Gott, den Vater. **Er lädt die ganze Gemeinde ein, die Herzen zum Herrn zu erheben und ihm zu danken.** So sind alle Versammelten mit ihren Freuden und Sorgen in dieses Gebet hineingenommen. Sie wollen sich Gott schenken mit Jesus Christus, der sein Leben für alle Menschen am Kreuz geopfert hat.

Der wichtigste Teil des eucharistischen Hochgebetes ist **der Bericht vom letzten Abendmahl.** Zum Gedächtnis daran tut der Priester, was Jesus Christus am Abend vor seinem Leiden gesagt und getan hat. So werden die Gaben von Brot und Wein zu Christi Leib und Blut. Das ist „heilige Wandlung".

Das eucharistische Hochgebet ist das Tischgebet des heiligen Mahles.

Das eucharistische Hochgebet

Priester: Der Herr sei mit euch.
Alle: Und mit deinem Geiste.
Priester: Erhebet die Herzen.
Alle: Wir haben sie beim Herrn.
Priester: Lasset uns danken dem Herrn, unserm Gott.
Alle: Das ist würdig und recht.

In Wahrheit ist es würdig und recht, dir, Vater im Himmel, zu danken und dich mit der ganzen Schöpfung zu loben durch unseren Herrn Jesus Christus. In dankbarer Liebe gedenken wir seines Todes, bekennen seine Auferstehung in lebendigem Glauben und erwarten voll Hoffnung und Zuversicht sein Kommen in Herrlichkeit. Darum preisen wir jetzt und in Ewigkeit dein Erbarmen und singen mit den Chören der Engel das Lob deiner Herrlichkeit:

Alle: Heilig, heilig, heilig Gott, Herr aller Mächte und Gewalten. Erfüllt sind Himmel und Erde von deiner Herrlichkeit. Hosanna in der Höhe. Hochgelobt sei, der da kommt im Namen des Herrn. Hosanna in der Höhe.

427

Abendmahlsbericht (Seite 77)

Priester: Geheimnis des Glaubens:
Alle: Deinen Tod, o Herr, verkünden wir, und deine Auferstehung preisen wir, bis du kommst in Herrlichkeit.
Priester: Darum, gütiger Vater, feiern wir das Gedächtnis deines Sohnes. Wir verkünden sein heilbringendes Leiden, seine glorreiche Auferstehung und Himmelfahrt und erwarten seine Wiederkunft. So bringen wir dir mit Lob und Dank dieses heilige und lebendige Opfer dar...
Durch ihn und mit ihm und in ihm ist dir, Gott, allmächtiger Vater, in der Einheit des Heiligen Geistes alle Herrlichkeit und Ehre jetzt und in Ewigkeit.
Alle: Amen.

Zur heiligen Wandlung

Der Priester zeigt der Gemeinde die heilige Hostie, den Leib Christi. Alle schauen still hin. Ich bete: Der Leib Christi. Amen (das heißt: ja, das glaube ich).

Male die heilige Hostie und schreibe dazu, was du bei der heiligen Wandlung betest:

....

Der Priester zeigt der Gemeinde den Kelch mit dem Blut Christi. Alle schauen still hin. Ich bete: Das Blut Christi. Amen (das heißt: ja, das glaube ich).

Male den Kelch und schreibe dazu, was du bei der heiligen Wandlung betest:

....

Beim eucharistischen Hochgebet bete ich still mit dem Priester. Ich denke an Jesus, der für mich gestorben ist.

24 Wir empfangen die heilige Speise

Das heilige Mahl

Das eucharistische Hochgebet ist zu Ende. Nun liegt auf dem Altar die heilige Speise für die Gläubigen bereit. Sie sind zur Kommunion eingeladen.

Wer zur heiligen Kommunion geht, wird eins mit Jesus Christus, denn er hat gesagt: **„Wer mein Fleisch isst und mein Blut trinkt, der bleibt in mir und ich in ihm.“** In der heiligen Kommunion begegnen wir Jesus Christus, dem Sohn Gottes. Für diese Begegnung mit dem Herrn muss sich jeder vorbereiten.

Das Brechen des Brotes zeigt: bei der heiligen Kommunion essen wir von dem einen Brot des Lebens, das Christus ist. Wir werden dadurch eins in ihm. Daran erinnert der heilige Paulus; er sagt: „Es ist nur ein einziges Brot. **Darum bilden wir alle, auch wenn wir viele sind, einen einzigen Leib.** Denn wir essen alle von dem einen Brot.“

Im heiligen Mahl empfangen die Gläubigen die heilige Kommunion. Sie werden eins mit Christus und eins untereinander.

Kommunion

Vaterunser

Der Priester lädt zum Gebet des Herrn ein:

Lasset uns beten, wie der Herr uns zu beten gelehrt hat.

Gemeinsam singen oder sprechen alle das Gebet des Herrn (Seite 70).

Friedensgruß

Nach dem Friedensgebet wendet sich der Priester der Gemeinde zu:

Priester: Der Friede des Herrn sei allezeit mit euch.

Alle: Und mit deinem Geiste.

Brotbrechen

Während des Brotbrechens singt oder betet die Gemeinde:

Lamm Gottes, du nimmst hinweg die Sünde der Welt: erbarme dich unser.

Lamm Gottes, du nimmst hinweg die Sünde der Welt: gib uns deinen Frieden.

Einladung zur Kommunion

Priester: Seht das Lamm Gottes, das hinwegnimmt die Sünde der Welt.

Alle: Herr, ich bin nicht würdig, dass du eingehst unter mein Dach, aber sprich nur ein Wort, so wird meine Seele gesund.

Gebet vor der heiligen Kommunion

Jesus Christus, komm zu mir, für uns Menschen bist du hier.
Staunend denke ich daran, was du schon für mich getan.
Gerne möchte ich dich sehn, deine Botschaft ganz verstehn.
Doch in Zeichen – Brot und Wein – hüllst du dich, Sohn Gottes, ein.
Jesus, Herr der Herrlichkeit, sieh', ich bin für dich bereit.
Ich lass' dich voll Freude ein. Lass mich immer bei dir sein.

Kommunionspendung

Der Priester reicht den Leib und das Blut Christi mit den Worten:
Der Leib Christi. – Das Blut Christi.
Jeder antwortet: „Amen" und empfängt die Kommunion.

Gebet nach der heiligen Kommunion

Jesus, du bist jetzt bei mir. Herr und Gott, ich danke dir.
Du bist Christus, der mich liebt. Es ist schön, dass es dich gibt.
Breite deine Liebe aus unter uns in diesem Haus.
Wehre allem Hass und Streit! Schenke Frieden weit und breit.
Bleibe bei uns, starker Herr, denn wir brauchen dich so sehr.
Deine Wege lass uns gehn, deine Herrlichkeit einst sehn.

Danklied

Schlussgebet

Barmherziger Gott, du hast uns alle mit dem Brot vom Himmel gestärkt. Erfülle uns mit dem Geist deiner Liebe, damit wir ein Herz und eine Seele werden. Darum bitten wir durch Christus, unseren Herrn. A.: Amen.

365.6

Zerteile eine runde Scheibe Buntpapier durch Reißen. Klebe die einzelnen Stücke in das Feld!

Wenn ich zur heiligen Kommunion gehe, will ich Frieden haben mit Gott und mit allen Menschen. Dafür will ich schon vor der heiligen Messe sorgen, wenn es geht.

25 Wir danken und gehen

Unser Leben ist nicht nur essen und trinken, ruhen und feiern. Bei jeder Mahlzeit bekommen wir neue Kraft für unsere Aufgaben im Alltag.
Wenn der Gottesdienst in der Kirche zu Ende ist, sollen die Christen in ihrem Leben Gott dienen.

In der Feier der heiligen Eucharistie erhalten sie die Kraft dazu.
Bei der Feier der heiligen Messe haben sie das Wort des Herrn gehört – in ihrem Leben sollen **sie seine Worte befolgen.**
Bei der heiligen Kommunion haben sie die Gemeinschaft mit dem Herrn erfahren – in ihrem Leben sollen sie **in seiner Liebe bleiben.**
Beim heiligen Mahl haben sie den Frieden des Herrn empfangen – in ihrem Leben sollen sie **seinen Frieden weitergeben.**
Mit ihnen geht unsichtbar der Herr, der gesagt hat: „Ich bin bei euch alle Tage bis an das Ende der Welt." So segnet er sie.
Mit dem Kreuzzeichen begann die heilige Messe, mit dem Kreuzzeichen endet sie. Denn das Kreuz ist das Zeichen der Erlösung, das Zeichen der Liebe des Herrn.

Nach dem Gottesdienst in der Kirche sollen die Gläubigen in ihrem Leben Gott dienen.

Segen und Entlassung

Priester: Der Herr sei mit euch.
Alle: Und mit deinem Geiste.
Priester: Es segne euch der allmächtige Gott, der Vater und der Sohn und der Heilige Geist.
Alle: Amen.
Priester: Gehet hin in Frieden.
Alle: Dank sei Gott, dem Herrn.

1. Wenn wir jetzt weitergehen, dann sind wir nicht allein.:/
/:Der Herr hat uns versprochen, bei uns zu sein.:/
2. Wir nehmen seine Worte und Taten mit nach Haus.:/
/:und richten unser Leben nach seinem aus.:/
3. Er hat mit seinem Leben gezeigt, was Liebe ist. :/
/:Bleib bei uns heut und morgen, Herr Jesu Christ.:/

514

Überlege mit deinen Eltern:

Welche Worte Jesu können für dein Leben besonders wichtig sein?

. . . .

. . . .

. . . .

. . . .

. . . .

. . . .

Wie kannst du die Liebe des Herrn auch außerhalb der heiligen Messe erfahren?. . . . .

. . . .

. . . .

. . . .

. . . .

. . . .

. . . .

Wie kannst du den Frieden des Herrn den Menschen weitergeben, mit denen du zusammenlebst? . . . .

. . . .

. . . .

. . . .

. . . .

. . . .

In der heiligen Messe habe ich die Botschaft von der Liebe Gottes gehört und seine Liebe erfahren. Deshalb will ich hingehen und den Menschen den Frieden Christi bringen.

26 Der Herr bleibt gegenwärtig im heiligen Brot

Bei der Eucharistiefeier am Sonntag kommt Jesus Christus zu seiner Gemeinde mit seinem Wort und im heiligen Mahl.
Auch an den Werktagen wird die heilige Messe gefeiert, selbst wenn nur wenige Gläubige dabei sein können.
Nach der heiligen Messe wird das heilige Brot für die Gemeinde im Tabernakel aufbewahrt. In seiner Nähe brennt das Ewige Licht. **Im allerheiligsten Sakrament will Jesus Christus immer bei uns sein.**
Wir beten ihn an, wenn wir still in der Kirche knien. Wir verehren ihn durch die Kniebeuge.
Wenn ein Kranker oder Sterbender die heilige Kommunion empfangen möchte, holt der Priester das heilige Brot aus dem Tabernakel und bringt es ihm.
Gelegentlich wird das heilige Brot in der Monstranz zur Anbetung auf den Altar gestellt.
Am Fest Fronleichnam hält die Gemeinde eine Prozession, bei der Jesus Christus im allerheiligsten Sakrament mitgetragen wird. Wir bitten ihn um seinen Segen für alle Menschen auf der Welt.

Im Tabernakel wird die heilige Speise des Leibes Christi aufbewahrt.

2. Lob und Dank sei Gott dem Vater, der das Leben uns verheißt,
seinem Wort, dem ewgen Sohne, der im Himmelsbrot uns speist;
auch der Born der höchsten Liebe sei gelobt, der Heilge Geist. Amen.

V.: Brot vom Himmel hast du ihnen gegeben.
A.: Das alle Erquickung in sich birgt.
V.: Lasset uns beten. – Herr Jesus Christus, im wunderbaren Sakrament des Altares hast du uns das Gedächtnis deines Leidens und deiner Auferstehung hinterlassen. Gib uns die Gnade, die heiligen Geheimnisse deines Leibes und Blutes so zu verehren, dass uns die Frucht der Erlösung zuteil wird. Der du lebst und herrschest in Ewigkeit.
A.: Amen.

542

Male unsere Monstranz!

O bleib bei uns, Herr Jesus Christ,
bis einstens wir dein Antlitz sehn,
und hilf, dass wir zu jeder Frist
in deiner Gnade sicher stehn!
Lass deines Lichtes klaren Schein
so hell und kräftig in uns sein,
dass aller Welt es leuchten mag!

835.2

In jeder katholischen Kirche wird das allerheiligste Sakrament aufbewahrt. Hier ist uns Jesus besonders nahe. Deshalb will ich gern vor dem Tabernakel beten.

Leseanhang

Ein Lächeln für Zacharias

Bevor Zacharias die Fünf in Mathematik schrieb, wusste er nicht, dass man auf zweierlei Art hungrig sein kann. Einmal kommt der Hunger vom Magen; ihn stillt man mit Brot. Der andere nagt im Herzen; ihm muss man von Zeit zu Zeit ein Lächeln widmen, dann gibt er sich zufrieden. Wenn man freilich eine Fünf geschrieben hat, dann könnte man das Lächeln der ganzen Welt brauchen. Zacharias aber bekam überhaupt keins mehr. Weder von der Mutter, die ihm sonst immer eins daließ, ehe sie früh zur Arbeit ging. Noch vom Vater, der ihn gewöhnlich in die Seite knuffte, wenn er von der Schicht kam und „Na, Alter!", sagte. Auch nicht von Frau Sengewald, der Lehrerin, die immer lächelte, wenn sich jemand beim Lösen einer kniffligen Aufgabe auf die Zunge biss. Schon gar nicht von der Banknachbarin Anke: Sie betrachtet Fünfen als ein großen Unglück.
In seiner Not lief Zacharias auf die Straße. Lächle!", bat er die Sonne. „Entweder für alle oder für keinen", antwortete sie. Sie hatte den ganzen Sommer über gelächelt und war nun froh, eine erste Herbstwolke vorziehen zu können. Zacharias trat zu dem Kastanienbaum inmitten des Häusergevierts. „Lächle!" – Ich hab nichts zu lachen", sagte der Baum, „ich bin alt und trage allein das ganze Grün der Gegend." Er raschelte mit herbstmüden Blättern.
Zacharias blickte hoch zu dem großen Haus. „Lächle!" Das Haus schwieg verlegen. Es hatte viele Fenster, die sich alle glichen, wenn ihnen der Widerschein der Sonne und des Blattgrüns fehlte. Mit welchem sollte es lächeln? Traurig ging Zacharias heim. Die Mutter lächelte ihm zu. „Komm", sagte sie, „wir wollen tüchtig üben." Zacharias prüfte das Lächeln. Da es ihn nicht sättigte, verspürte er keine Lust zum Üben. Der Vater knuffte ihn in die Seite. „Na, Alter, wieviel ist sieben mal sieben?"
Er lächelte in Erwartung von Zacharias' Antwort. Als sie ausblieb, verschwand es, bevor sich Zacharias sättigen konnte.
Frau Sengewald holte ihn an die Tafel und ließ ihn eine leichte Aufgabe rechnen. Sie lächelte und sagte: „Sehr schön, Zacharias." Zacharias schlich beschämt auf seinen Platz.
Da schob ihm Anke einen Zettel zu. „Ich helfe dir", stand dort geschrieben. Zur Bekräftigung war in die rechte obere Ecke ein Mondgesicht mit einem breit lächelnden Mund gemalt. Wenn man den Zettel freilich umdrehte, dann weinte das Gesicht. Zacharias zerknüllte ihn und warf ihn weg. Schließlich versuchte es Zacharias mit Kuchen und Torte. Als er nichts mehr in sich hineinstopfen konnte, holte er das Rad aus dem Keller und fuhr an den Stadtrand.

Dort wohnte der Großvater. Er stand am Gartenzaun und sah Zacharias lächelnd entgegen.
„Ich habe eine Fünf", sagte Zacharias.
Der Großvater lächelte.
„Eine dicke Fünf", setzte Zacharias hinzu.
Der Großvater lächelte. „In Mathematik!", sagte Zacharias. „Das ist doch wirklich nicht zum Lachen."
Der Großvater lächelte und antwortete: „Neuerdings hör ich nicht mehr alles. Aber ich freu mich, dass du da bist."
Da trank sich Zacharias an Großvaters Lächeln satt.
Und als er heimkam, verspürte er neben einem herzhaften Hunger nach Brot auch so eine Art Appetit nach Mathematik.

Überlege:

Zacharias hat in seiner Not Hunger nach Liebe und Zuwendung. Womit versucht er diesen Hunger zu stillen? Warum helfen ihm die Worte des Großvaters „Ich freue mich, dass du da bist!"? Bei wem findest du solche Liebe und Zuwendung?

Kat.
1

Sechs Krähen

In einem friedlichen Tal in den Balabadurhügeln hatte ein Farmer ein Feld Weizen gesät. Der Boden war fruchtbar, und im Frühjahr hatte es genug geregnet.
Alle hätten hier glücklich und zufrieden leben können. Aber da waren die sechs lärmenden Krähen, die auf einem Baum in der Nähe ihr Nest hatten.
Als der Weizen reif wurde, flogen sie auf das Feld nieder und pickten die jungen Körner weg.
Der Farmer versuchte, die Krähen von dem Feld zu verjagen. Aber kaum war er zurück in seiner Hütte, gleich waren die Krähen wieder da.
Aus lauter Verzweiflung baute er eine Vogelscheuche. Als die Krähen sahen, dass eine Vogelscheuche im Weizen stand und einen Knüppel schwang, erschreckten sie sich sehr. In ihrem Bau steckten sie die Köpfe zusammen und berieten, was zu tun sei. Wir müssen dieses Ding verscheuchen", sagten sie, „aber wie?"
„Wir zünden das Feld an", rief eine Krähe.
„Aber dann gäb es unseren Weizen nicht mehr", riefen die anderen.
Viele Vorschläge wurden gemacht. Doch zum Schluss einigten sie sich darauf, einen furchterregenden Gespenstervogel zu bauen. Sie

sammelten Rinde und trockene Blätter und machten daraus einen großen Gespenstervogel. Mit dem Gespenstervogel flogen sie am nächsten Morgen über das Feld. Die Vogelscheuche rührte sich nicht von der Stelle, aber der Farmer bekam einen großen Schreck. Er rannte zu seiner Hütte und schloss die Tür fest hinter sich zu. „Ich muss eine noch abscheulichere Vogelscheuche bauen", sagte er. Bald stand eine riesige Gestalt, die mit zwei Schwertern drohte, im Weizenfeld. Ihr wütend verzerrter Mund schien zu grunzen. „Das sollte aber jetzt reichen", sagte der Farmer. Als die Krähen die neue Bedrohung sahen, sammelten sie noch mehr Rinde und Blätter und bauten einen größeren, noch furchterregenderen Gespenstervogel. Sie flogen mit ihm über das Feld, hin und wieder zurück. Und der Farmer fürchtete sich so sehr, dass er sich nicht mehr traute, seine Hütte zu verlassen. Eine Eule hatte aus ihrem Nest in einem alten Baumstamm die Ereignisse beobachtet. Sie schüttelte den Kopf. „Ich weiß nicht, wer hier der Dümmere ist", sagte sie, „der Farmer oder die Krähen!" Als der Weizen verdorrte, weil sich niemand um ihn kümmerte, beschloss sie, mit dem Farmer zu reden.
„Warum schließt ihr keinen Frieden, du und die Krähen?", sagte sie.
„Das ist schon zu spät", sagte der Farmer ärgerlich.
„Es ist niemals zu spät! Sprecht doch miteinander", sagte die Eule.
Dann ging sie zu den Krähen. Die Krähen erschraken, als sie hörten, dass der Weizen in Gefahr sei, und fragten: „Was können wir tun?"
„Kommt, sprecht miteinander", sagte die Eule, „Worte können Wunder wirken."
Die Krähen und der Farmer kamen überein, sich unter dem Nest der Eule zu treffen. Während die Eule zusah, redeten sie und redeten. Zuerst wütend, dann etwas vernünftiger und schließlich wie alte Freunde.
„Ich muss zugeben, dass ich euer freudiges Krächzen vermisst habe", sagte der Farmer.
„Und uns fehlte dein Weizen", sagten die Krähen.
Und schon lachten sie zusammen.
„Wir müssen der Eule danken", sagte der Farmer. „Aber wo ist sie?" Ihr Nest war leer. Sie suchten überall. Sie gingen zu dem Weizenfeld. Da stand die riesige Vogelscheuche. Aber etwas hatte sich verändert. Aus dem hässlichen Grinsen war ein fröhliches Lächeln geworden, und auf dem Arm der Vogelscheuche hockte die Eule.
„Was ist geschehen?", fragten sie alle.
„Ein Wunder", sagte die Eule.

Überlege:

Wodurch entsteht der Ärger? Wodurch wird er überwunden?
Menschen verhalten sich manchmal ähnlich. Weißt du ein Beispiel?

Kat. **1**

Bin ich schön?

Am Morgen stellte sich das Mädchen vor den Spiegel. „Bin ich schön?“ fragte sie ihn.
„Ich weiß es nicht. Ich kann dich so schlecht erkennen“, antwortete er.
Enttäuscht ging das Mädchen in den Garten. Sie fragte die Blumen und Bäume: „Bin ich schön?“
Die Blumen und Bäume überlegten. „Wir wissen es nicht“, sagten sie dann.
Das Mädchen lief auf die Straße. Ein alter Hund kam ihr entgegen. Gleich fragte sie ihn: „Bin ich schön?“
Der Hund schaute sie lange an: „Ich weiß es nicht“, sagte auch er.
Traurig ging das Mädchen noch ein Stück. Sie traf ihre Freundin. Ob sie es von ihr erfahren würde? Zaghaft fragte sie: „Du, bin ich schön?“
Die Freundin wusste nichts zu sagen. „Ach, das ist so schwierig“, meinte sie. Am Abend merkten die Eltern gleich, dass das Mädchen traurig war. „Was fehlt dir denn?“, fragten sie. „Ach, alle hab' ich heute gefragt, aber keiner konnte mir eine Antwort geben“, schluchzte das Mädchen. „Was hast du denn gefragt?“ Ob ich schön bin.“ Die Eltern lächelten. „Versuch es morgen noch einmal. Und sei freundlich zu allen!“

Am nächsten Morgen nahm das Mädchen einen Lappen und putzte den Spiegel blank. Gleich fing er an zu sprechen: „Wie hell deine Augen leuchten. Gestern hab' ich das gar nicht gesehen.“ Fröhlich lief das Mädchen in den Garten. Mit der großen Gießkanne gab sie allen Bäumen und Blumen Wasser, denn es war ein heißer Tag. Der alte Apfelbaum knarrte: „Wie deine Wangen glühen, wenn du mir das Wasser heranträgst.“ Und die Blumen riefen: „Oh, du bist sehr schön. Steck dir eine Blüte ins Haar.“ Das Mädchen hüpfte vor Freude. Sie sprang auf die Straße hinaus. Dort lief der alte Hund. „Komm her zu mir“, rief sie ihn und streichelte sein Fell. „Das ist schön. Deine Hände sind so gut, liebes Mädchen“, sagte der Hund. Die Freundin kam vorbei. „Lass uns zusammen spielen“, rief das Mädchen. Bis zum Abend tollten die beiden umher. „Wie schön dein Haar im Wind flattert, wenn du mit mir rennst“, freute sich die Freundin. Am Abend gab das Mädchen den Eltern einen Kuss, weil sie so glücklich war. „Hast du gemerkt, dass unsere Tochter ganz weiche Lippen hat?“, fragte der Vater die Mutter, „sie ist wirklich ein schönes Mädchen.“

Überlege:

Jemand hat gesagt: „Glück sitzt auf dem Rücken der guten Tat.“ Was meinte er damit? Warum passt dieser Satz gut zu der Geschichte? Wodurch wird das Mädchen wirklich schön?

Das neue Spiel

An einem Sonntag, als die Familie am Frühstückstisch sitzt und Krischan an einem Marmeladenbrot kaut, sagt sein Vater:
„Ich weiß ein neues Spiel. Heute will ich mich einmal genauso benehmen wie Krischan."
Krischan ist von dem Einfall begeistert und ruft: „O ja, Vati, fang mal gleich damit an!"
Der Vater nickt, und Krischan beobachtet ihn gespannt. Was wird er wohl jetzt tun?
Der Vater nimmt sein Marmeladenbrot in die Hand, macht einen großen Happ, stippt dabei die Nase in die Marmelade, und nun kaut er. Er kaut und kaut, ganz langsam. Fast eine halbe Stunde lang isst er an seiner Schnitte.
„Beeil dich!", sagt Krischan. „Du wolltest doch nachher mit mir spielen."
Der Vater kaut an seinem letzten Bissen ruhig weiter. Als er endlich fertig ist, sagt die Mutter zu ihm:
„Eine Scheibe Brot ist aber zu wenig, iss noch eine zweite!"
Der Vater schiebt die Unterlippe vor und antwortet: „Ich mag nicht!" „Aber ich meine es doch nur gut!", ruft die Mutter. Der Vater stampft mit dem Fuß auf und ruft: „Ich mag aber nicht!"
Jetzt wird es selbst dem kleinen Krischan zu dumm. "Wirst du wohl gehorchen?", sagt er streng, als sei er heute der Vater. Da zieht der Vater sein Gesicht zusammen und tut, als heule er: „Huhuhuuu, wenn ich doch nicht mehr mag!"
Es dauert noch eine Weile, bis sie den Vater dazu bringen, eine zweite Brotscheibe zu nehmen. Und als sie ihn endlich soweit haben, bohrt er verdrießlich mit dem Messer in der Butter herum, löffelt das halbe Marmeladenglas leer, so dass ein schwabbelnder Musberg auf seiner Brotscheibe liegt. Dann leckt er zum Überfluss noch das Messer mit der Zunge ab.
„Pfui, pfui, pfui", ruft Krischan da empört. „So etwas tut man nicht! Nimm uns doch nicht die ganze Marmelade weg!"
Der Vater tut so, als höre er gar nicht hin. Er hebt die Brotscheibe mit dem Musberg auf, und – schwupp – da kleckert es auch schon herunter.
„Das ist ja schrecklich, wenn du so frühstückst!", ruft Krischan. „Erst kaust du stundenlang, so dass Mutter den Tisch nicht abdecken kann. Dann willst du nichts mehr essen und stampfst und heulst. Dann nimmst du uns die ganze Marmelade weg und leckst das Messer ab. Jetzt kleckerst du auch noch! Willst du an dieser Brotscheibe vielleicht auch wieder eine Stunde lang herumkauen?"
Krischan ist wütend auf seinen Vater.
„Gewiss doch", sagt der Vater, „und pass mal auf! Gleich werde ich auch noch das Milchglas umstoßen. Nase und Hände werde ich hinterher auch

nicht abwaschen. Ich spiele doch Krischan! Hast du das vergessen?" Krischan hält sich beide Ohren zu. „Das hält ja kein Mensch aus", stöhnt er.
Da lacht die Mutter laut, und auch der Vater muss lachen.
„Doch!", rufen sie. „Wir müssen das fast jeden Tag aushalten, und zwar mit dir!"
Eine Weile ist Krischan verblüfft. Er denkt nach. Und zuletzt muss er sogar selbst lachen, weil Vater so gut gespielt hat.

Überlege:

Warum hat sich Krischans Vater das Spiel ausgedacht? Worüber denkt Krischan nach? Warum haben die Eltern mit ihren Kindern Geduld, auch wenn diese immer wieder die gleichen Fehler machen?

Kat.
2

Bitte

Man sitzt bei Tisch. „Gib mir Brot!", sagt Lili. Die Mutter antwortet nicht. „Ich will Brot!", sagt Lili wieder. Aber die Mutter? - Hat sie nicht gehört? Sie fängt an und erzählt eine Geschichte: „Es war einmal ein Zaubergarten. Man sah von fern die Blumen blühen und die Springbrunnen springen. Aber das Tor war abgeschlossen. Da wollten die Leute über die Mauer klettern. Aber wenn sie eben meinten, sie seien oben, da wuchs die Mauer immer wieder ein Stück hinauf. Da nahmen die Leute ein Beil und wollten das Tor einschlagen. Da zerbrach das Beil. Da nahmen die Leute Feuer und wollten das Tor verbrennen. Aber das Tor brannte nicht. Jetzt kam ein Kind und sagte nur ein kleines Wort. ‚Bitte!' sagte das Kind, und das Tor sprang auf, und das Kind ging in den Garten hinein." Wie Lili das hört, da wird sie dunkelrot und sagt: „Bitte, gib mir das Brot!"

Überlege:

Wodurch wollten die Leute in den Garten kommen? Warum öffnet sich das Tor für das Kind? Worauf will uns die Geschichte aufmerksam machen?

Ein Mädchen fand einen Stein

Kat.
2

Am Rande des Meeres, wo Wasser und Land einander immerfort berühren, fand ein Mädchen einen Stein, der leuchtete wie die Sonne am Abend. Er war glatt und blank, warm in der Hand, und das Mädchen lief ins Dorf zurück, um allen Leuten den Stein zu zeigen.
Gleich bei den ersten Häusern stand eine Mühle, dort sah ein dicker Mann heraus. Die Mühle hatte vier mächtige Flügel. Die drehten sich aber schon lange nicht mehr, und der Mann, der heraussah, war kein Müller, es war der Kunstmaler Seidelbast, die Mühle war sein Malerhaus.
Das Mädchen sagte: „Ich habe einen Stein gefunden“ und hob die Hand, wo der Stein nun lag: rot wie die Sonne am Abend, doch der Seidelbast blickte nur wenig hin, er sagte: „Ich habe soeben ein Bild vollendet.“
„Der Stein, wie er leuchtet“, sagte das Mädchen, doch der Seidelbast blickte wieder kaum hin, er sagte:
„Ich habe soeben mein schönstes Bild vollendet.“
Nun verbarg das Mädchen den Stein und dachte bei sich: Er hat nur dauernd sein Bild im Kopf, hört nichts und sieht nichts, so dick wie er ist. Die Mühle müsste sich drehn. Das war so gedacht und gerade gedacht, da begann sich die Mühle zu drehn. Die mächtigen Flügel, seit Jahren stumm, ächzten und stöhnten, rauschten im Wind, und der Seidelbast flog vom Fenster hinweg. und das Mädchen flog die Straße hinab. Was war auf einmal geschehen?
Im Dorf, die lange Straße hinab, fand sich kein Mensch, zu dem das Mädchen hätte reden können, dann aber, endlich, fand sich Walpurga Walpurgis. Dies war ein Mädchen gleichen Alters, lieblich im ganzen anzusehn und täglich aufs neue beneidet um ihre wunderschönen schwarzen Haare.
„Die Mühle, die Mühle!“, rief das Mädchen, doch Walpurga Walpurgis war in Eile, winkte nur freundlich und rief: „Ich komme morgen, schönen Gruß.“
„Die Mühle dreht sich!“, rief das Mädchen, doch Walpurga Walpurgis blieb in Eile, winkte nur wieder, wieder so freundlich, und das Mädchen, nun böse, dachte bei sich:
Wenn sie grüne Haare hätte! Das war so gedacht und gerade gedacht, da wurden die Haare von Walpurga grün. Eben noch glänzend wie Ebenholz schwarz, wurden sie nun wie Waldmoos grün, das verschlug dem Mädchen Atem und Sprache. Es rannte, rannte, es rannte nach Hause.
Dort, in der Küche, war die Mutter. Sonnenlicht blitzte in Töpfen und Tiegeln, die Kacheln wie Spiegel, die Fliesen ohne Staub, mitten darin die allzeit fleißige Mutter.
Das Mädchen wollte reden, schnell

wie ein Sturzbach los: Die Mühle, die Mühle, der Stein. Der Stein, die Mühle, die grünen Haare – und immer so weiter ungefähr, doch die Mutter war schneller, ihre Stimme zu hören, bevor das Mädchen noch die Tür schloss. „So spät, so spät. So spät", sagte sie. „Warum denn kommst du so spät? Und siehst wieder aus und sagst mir nichts. Sitzt da, stehst da, und sagst mir nichts. Kommst spät, siehst aus und sagst mir nichts. Sagst mir einfach nichts."
Das Mädchen blieb stumm, es sah eine Wolke: fern und leicht, weiß und still. Der Himmel war blau, die Wolke war still, und das Mädchen dachte: Sie hört mir zu - und es wünschte sich fort auf die Wolke.

Überlege:

In dieser Geschichte hört einer dem anderen nicht zu. Welche Folgen hat das? Sprecht miteinander über das, was erzählt wird!

Kat.
3

Der Regenbogenfisch

Weit draußen im Meer lebte ein Fisch. Doch kein gewöhnlicher Fisch, nein. Er war der allerschönste Fisch im ganzen Ozean. Sein Schuppenkleid schillerte in allen Regenbogenfarben. Die anderen Fische bewunderten sein buntschillerndes Schuppenkleid. Sie nannten ihn Regenbogenfisch.
„Komm, Regenbogenfisch! Komm spiel mit uns!" Aber der Regenbogenfisch glitt immer stumm und stolz an ihnen vorbei und ließ seine Schuppen glitzern.
Ein kleiner blauer Fisch schwamm hinter ihm her. „Regenbogenfisch, Regenbogenfisch, warte auf mich! Gib mir doch eine deiner Glitzerschuppen. Sie sind wunderschön, und du hast so viele!"
„Dir soll ich eine meiner Schuppen schenken? Wo denkst du hin!", rief der Regenbogenfisch. „Mach, dass du fortkommst!"
Erschrocken schwamm der kleine blaue Fisch davon. Aufgeregt erzählte er seinen Freunden vom Erlebnis mit dem Regenbogenfisch. Von da an wollte keiner mehr etwas mit ihm zu tun haben. Sie kehrten sich ab, wenn er vorbeischwamm.
Was nutzten dem Regenbogenfisch nun seine herrlich glitzernden Schuppen, wenn sie von niemandem mehr bewundert wurden? Jetzt war er der einsamste Fisch im ganzen Ozean!
Eines Tages klagte er dem Seestern sein Leid. „Ich bin doch so schön. Warum mag mich niemand?"

„In einer Höhle hinter dem Korallenriff wohnt der weise Tintenfisch Oktopus. Vielleicht kann er dir helfen“, riet ihm der Seestern. Der Regenbogenfisch fand die Höhle. Finster war es hier. Doch plötzlich leuchteten ihm zwei Augen entgegen.
„Ich habe dich erwartet“, sagte Oktopus mit tiefer Stimme. „Die Wellen haben mir deine Geschichte erzählt. Höre meinen Rat: Schenke jedem Fisch eine deiner Glitzerschuppen. Dann bist du zwar nicht mehr der schönste Fisch im Ozean, aber du wirst wieder fröhlich sein.“
„Aber...“, wollte der Regenbogenfisch noch sagen, doch da war der Oktopus schon in einer dunklen Tintenwolke verschwunden. Meine Schuppen verschenken? Meine schönen Glitzerschuppen? dachte der Regenbogenfisch entsetzt! Nein. Wie könnte ich ohne sie glücklich sein?
Plötzlich spürte er einen leichten Flossenschlag neben sich. Der kleine blaue Fisch war wieder da!
„Regenbogenfisch, bitte, sei nicht böse. Gib mir doch eine kleine Glitzerschuppe.“
Der Regenbogenfisch zögerte. Eine ganz, ganz kleine Glitzerschuppe, dachte er, na ja, die werde ich kaum vermissen. Sorgfältig zupfte der Regenbogenfisch die kleinste Glitzerschuppe aus seinem Kleid. „Hier, die schenk ich dir! Doch nun lass mich in Ruhe!“
„Vielen, vielen Dank!“, blubberte der kleine blaue Fisch übermütig. „Du bist lieb, Regenbogenfisch.“ Dem Regenbogenfisch wurde es ganz seltsam zumute. Er sah dem kleinen blauen Fisch mit seiner Glitzerschuppe lange nach, wie er so glücklich kreuz und quer durchs Wasser davonschwamm.
Der kleine blaue Fisch flitzte mit seiner Glitzerschuppe durchs Wasser. So dauerte es gar nicht lange, bis der Regenbogenfisch von anderen Fischen umringt war Alle wollten eine Glitzerschuppe haben. Und siehe da, der Regenbogenfisch verteilte seine Schuppen links und rechts. Und er wurde dabei immer vergnügter. Je mehr es um ihn herum im Wasser glitzerte, desto wohler fühlte er sich unter den Fischen.
Schließlich blieb dem Regenbogenfisch nur noch eine einzige Glitzerschuppe. Alle anderen hatte er verschenkt! Und er war glücklich, glücklich wie nie zuvor. „Komm, Regenbogenfisch, komm spiel mit uns!“, riefen die anderen. „Ich komme!“, sagte der Regenbogenfisch und zog fröhlich mit den Fischen davon.

Überlege:

Worauf ist der Regenbogenfisch stolz? Was macht ihn glücklich und froh?

Kat. **3**

Die beiden Ziegen

Zwei Ziegen begegneten einander auf einem schmalen Steg, der über einen tiefen Fluss führte. Die eine wollte hinüber, die andere herüber. „Geh mir aus dem Weg!“, sagte die eine. Die andere aber rief: „Das wäre mir schön! Ich war zuerst auf der Brücke. Geh du zurück, und lass mich hinüber!“
„Ich will nicht“, sagte die erste, „ich habe hier soviel Recht wie du.“ So wechselten sie noch viele Worte miteinander. Keine wollte nachgeben. Sie zankten sich immer mehr, und schließlich kam es zum Kampf zwischen beiden. Sie senkten ihre Hörner, rannten zornig aufeinander los und stießen heftig zusammen. Dabei fielen beide von der schmalen Brücke in das tiefe Wasser hinein.

Überlege:

Warum fallen beide Ziegen ins Wasser? Wie hätten sich beide Ziegen einigen können? Überlege mehrere Möglichkeiten! Manchmal handeln Kinder ganz ähnlich wie die beiden Ziegen. Erzähle ein Beispiel!

Kat. **4**

Die Glocke läutet

Du hast vielleicht schon den Namen Albert Schweitzer gehört. Das war ein Arzt, der seine Heimat verlassen hat, um den Menschen im Urwald Afrikas zu helfen. Albert Schweitzer hat uns diese Geschichte aus seiner Jugend aufgeschrieben:
Ich war sieben oder acht Jahre alt, da spielte ich oft mit einem Nachbarjungen mit Namen Heinrich Bräsch. Ich lernte von ihm, aus Gummilitzen eine Schleuder zu machen, die wir auf einer kleinen Holzgabel befestigten, die wir aus den Hecken schnitten. Es war im Frühling, um die Passionszeit. An einem Sonntagmorgen sagte Heinrich: „Du, wir gehen auf den Berg und schießen da Vögel.“ Mein Herz schlug mir. Zum erstenmal Vögel schießen! Bis dahin hatten wir nach allem möglichen anderen gezielt. Nun wurde es ernst. Ich hatte Angst. Das war doch nicht recht. Dazu noch am Sonntagmorgen!
Aber ich wagte nicht, Heinrich zu widersprechen. Er hätte mich ausgelacht. Und dann hätte ich mich schämen müssen. Wir kamen also unter die Obstbäume, die noch nicht blühten. Es war noch alles kahl. Aber ein warmer Wind wehte schon

durchs Land, hier und da blühten Anemonen im Gras.
„Da, siehst du, dort sitzt ein Fink!“ Ich schaute hin. Da jubelte ein Vöglein so recht fröhlich in den Morgen hinaus.
„Still!“, sagte Heinrich; er warf sich auf den Boden, kroch auf allen Vieren auf den Baum zu, legte einen Kieselstein in das Leder seiner Schleuder und spannte sie. Da er mich unwillig ansah, tat ich das gleiche. Ich hatte nicht den Mut, zu widersprechen und fortzugehen. Das war nicht recht von mir.
Mit einemmal fingen unten im Tal die Glocken an in den Morgen und in den Jubel der Vögel hineinzuläuten. Das war, als ob eine Stimme vom Himmel zu mir käme. Ich hielt nicht mehr an mich. Im Nu sprang ich auf und warf die Schleuder weit von mir, so dass das Vöglein Angst bekam und wegflog.
„Elender Kerl!“, schrie Heinrich. “Wart, ich werde dich lehren, mir den Spaß zu verderben!“

Aber ich hatte keine Angst mehr, sondern lauschte glücklich dem Klang der Glocken, die unten wogten.
„Wir wollen nicht töten, Heinrich“, sagte ich ruhig, „die Vöglein haben das Leben so gern wie wir selber.“ Er sperrte Mund und Nase auf und horchte nun mit mir auf den Jubel, der von den Türmen zu uns herüberflog.Von nun an hatte ich keine Angst mehr, einmal von den Kameraden ausgelacht zu werden. Ich fragte mich nur noch, ob es recht oder unrecht war, was sie von mir verlangten. Und danach tat ich hinfort.

Überlege:

Warum traut sich Albert nicht zu widersprechen? Woran erinnert ihn die Glocke? Was lernt Albert an diesem Sonntagmorgen?

Kat. **4**

Die drei Söhne

Drei Frauen wollten Wasser holen am Brunnen. Nicht weit davon saß ein alter Mann auf einer Bank und hörte zu, wie die Frauen ihre Söhne lobten. „Mein Sohn", sagte die erste, „ist so geschickt, dass er alle hinter sich lässt..."
„Mein Sohn", sagte die zweite, „singt so schön wie eine Nachtigall! Es gibt keinen, der eine so schöne Stimme hat wie er..."
„Und warum lobst du deinen Sohn nicht?", fragten sie die dritte, als sie schwieg.
„Er hat nichts, was ich loben könnte", entgegnete sie. „Mein Sohn ist nur ein gewöhnlicher Knabe. Er hat nichts Besonderes an sich und in sich..." Die Frauen füllten ihre Eimer und gingen heim. Der alte Mann ging langsam hinter ihnen her. Die Eimer waren schwer und die abgearbeiteten Hände schwach. Deshalb machten die Frauen eine Ruhepause, denn der Rücken tat ihnen weh. Da kamen ihnen drei Jungen entgegen. Der erste stellte sich auf die Hände und schlug Rad um Rad. Die Frauen riefen: „Welch ein geschickter Junge!" Der zweite sang so herrlich wie eine Nachtigall, und die Frauen lauschten andachtsvoll und mit Tränen in den Augen.
Der dritte Junge lief zu seiner Mutter, hob die Eimer auf und trug sie heim. Da fragten die Frauen den alten Mann: „Was sagst du zu unseren Söhnen?" „Wo sind eure Söhne?", fragte der alte Mann verwundert. „Ich sehe nur einen einzigen Sohn!"

Überlege:

Warum ist nur der dritte ein guter Sohn? Warum ist sein Tun wichtiger als gute Begabung und Leistung?

Das kleine Flusspferd

Es war einmal ein kleines Flusspferd, das war so dickköpfig, dass man noch heute in Afrika von ihm erzählt.
Eines Tages wollte die Flusspferdfamilie einen Ausflug machen.
„Komm mit!", rief der Flusspferdvater. „Wir wollen ein bisschen spazieren gehen."
„Nein, ich will nicht", schrie das kleine Flusspferd.
„Nun mach schon", bat die Mutter.
„Nein, ich komme nicht."
„Ich will mit dir spielen", rief die kleine Schwester.
„Nein, nein, nein!" Das kleine Flusspferd stampfte mit den Füßen auf und wurde rot vor Wut.
Den Eltern wurde das Warten zu lang, und sie wackelten in den Wald. Das kleine Flusspferd aber war böse auf die ganze Welt. Eigensinnig sprach es: „Es ist langweilig ein Flusspferd zu sein. Aber was könnte ich nur werden?" Da sprang eine Gazelle an ihm vorbei. Das kleine Flusspferd sah ihr nach und wurde neidisch, als es sie so schnell laufen sah. Eine Gazelle müsste man sein, dachte es. Und es begann, wie eine Gazelle zu springen. Es hopste hierhin und dorthin, bis es über seine dicken Beine stolperte und auf den Kopf fiel. Schwerfällig erhob es sich und dachte: Es macht überhaupt keinen Spaß, eine Gazelle zu sein. Es spazierte weiter, bis es eine Schar Affen traf. „He, ihr!", rief es ihnen zu. „Ich will ein Affe sein. Spielt mit mir!" Nun, das brauchte es den Affen nicht zweimal zu sagen. Sie tanzten um das kleine Flusspferd herum. Der eine Affe zupfte es an den Ohren, der andere am Schwanz. Sie stießen das kleine Flusspferd und warfen ihm Nüsse auf den Kopf.
Das kleine Flusspferd hatte bald genug und trottete beleidigt weiter, bis es auf einmal eine Herde Elefanten traf. Sie hoben ihre Rüssel und trompeteten mit voller Kraft. Herrlich, dachte das Flusspferd, schwenkte seinen Kopf hin und her und versuchte es auch. Aber es kam nur ein Grunzen aus seinem Maul heraus. Die Elefanten stellten sich um das kleine Flusspferd und lachten es aus.
Verlegen schlich es zwischen den Beinen der Riesen davon. Plötzlich flog ein schöner Papagei vor ihm auf. Fliegen müsste man können, dachte das Flusspferd. „Hör mal, Bunter", schrie das Flusspferd, bring mir mal das Fliegen bei!" „Das will ich gern tun", krächzte der Papagei. „Komm hinter mir her." Er führte das kleine Flusspferd zu einem Fluss mit steilen Ufern. Dort blieb er stehen, breitete die Flügel aus und flog davon. „Schau her", rief er dabei, „so einfach ist das!" „Wenn weiter nichts ist", trompetete das kleine Flusspferd, stellte sich an dieselbe Stelle, wackelte mit seinem Schwänzchen und hüpfte in die Luft. Natürlich plumpste es in den Fluss.

Ein Glück nur, dass es schwimmen konnte. Kleinlaut brummte es vor sich hin: „Jetzt weiß ich, was ich will. Ich will stark und mutig sein, ein richtiges Flusspferd." Das kleine Flusspferd machte sich auf den Weg, um seine Eltern zu suchen. Es lief den großen Tapsen nach, die es in dem weichen Waldboden sah. Wenn es durch die Büsche brach, knackten und splitterten die Zweige.
Bald hatte es seine Eltern erreicht. „Wie schön", rief die Mutter. „Der Kleine kommt schon durch den dichtesten Busch." „Er ist wie ich", sagte der Vater stolz. „Nicht einmal ein Löwe geht mitten durch den Busch." Da freute sich das kleine Flusspferd ungemein. Glücklich zog es mit seinen Eltern weiter. Es stampfte durch jeden Strauch, dass es nur so krachte. Die Mutter sagte lächelnd: „Es ist schon bald ein großes Flusspferd."

Überlege:

Das Flusspferd ist mit sich unzufrieden. Was probiert es aus? Welche Erfahrungen macht es dabei?
Überlege mit deinen Eltern: Wodurch wird einer ein richtig guter Mensch?

Kat. **4**

Die Frage der Fragen

Vor dem Ende sprach Rabbi Sussja: „In der kommenden Welt wird man mich nicht fragen: ‚Warum bist du nicht Mose gewesen?'Man wird mich fragen: ‚Warum bist du nicht Sussja gewesen?' "

Überlege:

Worauf kommt es in meinem Leben an? Sprich mit deinen Eltern darüber!

Wasser kann Leben retten

Kat. **5**

Als Tim Bone zwei Tage durch die Wüste gefahren war, traf er auf einen Wasserverkäufer. „Was kostet ein Liter Wasser?“, fragte er. „Zwei Mark“, sagte der Wasserverkäufer. „Das ist mir zu teuer“, sagte Tim Bone und fuhr weiter.
Am dritten Tag ging sein Auto kaputt, am vierten Tag fiel ihn Fieber an, am fünften Tag schrie er in die weite leere Wüste hinein: „Tausend Mark für einen Becher Wasser!“
Er dankte Gott, als er am siebten Tag aus der Ohnmacht erwachte: Eingeborene benetzten seine Lippen mit Wassertropfen.

Überlege:

Warum will Tim keine 2 M für einen Liter Wasser geben? Warum würde er später 1000 M für einen Becher Wasser geben? Was schenkt uns Gott durch das Wasser der Taufe?

Ein Menschenschicksal

Kat. **5**

Andrej Solokow hatte im Krieg seine Frau und seine Kinder durch einen Bombenangriff verloren. Er wohnte jetzt bei einem befreundeten Ehepaar und arbeitete als Kraftwagenfahrer. Im Herbst beförderte er Getreide in die Silos.
Er erzählt einem Fremden, dem er begegnet, wie er einen fünf- bis sechsjährigen Jungen kennengelernt und als Sohn angenommen hat:
Wie das so ist, man kommt von der Fahrt in die Stadt zurück, und als erstes geht man natürlich in die Imbissstube, um einen Happen zu essen und, na klar, auf die Müdigkeit hundert Gramm hinunterzugießen. Schlimm, dieses Wodkatrinken, aber ich muss zugeben, es war mir schon richtig zur Gewohnheit geworden...
Und da sehe ich eines Tages vor der Imbissstube diesen Jungen sitzen. Am nächsten Tag sehe ich ihn wieder. So ein kleines zerlumptes Kerlchen, das ganze Gesichtchen mit Melonensaft vollgeschmiert, und darauf klebt der Staub. Er starrt vor Schmutz und ist struppig, der Kleine, aber Augen hat er, klar wie die Sterne am Himmel nach einem Regen! Er war mir gleich so ans Herz gewachsen, dass ich mich schon nach ihm zu sehnen begann, ob du's glaubst oder nicht, und mich auf der Rückfahrt immer beeilte, um ihn recht schnell zu sehen. Immer saß er vor der Imbissstube und lebte davon, was ihm die Leute gaben.
Am vierten Tag halte ich, mit Getreide aus einem Staatsgut voll

beladen, vor der Tür der Imbissstube. Mein Kerlchen sitzt auf der Vortreppe, schlenkert mit den Beinen und hat, man sieht es ihm an, einen Mordshunger. Ich lehne mich aus dem Fenster und rufe: „He, Wanja, Wanjuscha! Komm her, steig schnell ein, ich will zum Silo fahren, von dort kommen wir hierher zurück, dann gibt's Mittagessen." Er zuckt bei meinem Anruf zusammen, springt von der Vortreppe herunter, klettert aufs Trittbrett und fragt leise: „Onkel, woher weißt du, dass ich Wanja heiße?" Dabei reißt er seine Augen weit auf, neugierig, was ich ihm antworten werde. Na ja, sage ich ihm, dass ich ein erfahrener Mann bin und alles weiß.

Er geht vorn um den Wagen herum, ich mache den Schlag auf, hebe ihn neben mich auf den Sitz, und wir fahren los. Ein quecksilbriges Bürschlein, aber plötzlich wird er merkwürdig still und nachdenklich, guckt mich unter seinen langen, gebogenen Wimpern hervor immer wieder an und seufzt. So ein Küken und hat schon seufzen gelernt! Das dürfte doch nicht sein! Ich frage: „Wo ist denn dein Vater, Wanja?" Er flüstert: „An der Front gefallen." „Und deine Mutter?" - „Mutti ist von einer Bombe getötet worden, als wir im Zug gefahren sind." - „Von wo seid ihr denn gefahren?" - „Ich weiß nicht mehr..." „Und hast du gar keine Verwandten?" - „Nein." „Wo schläfst du denn?" - „Wo es sich gerade trifft." Da überkommt mich heißes Mitleid, mein Entschluss steht fest: das lass' ich nicht zu, dass jeder von uns weiter so elendiglich allein für sich lebt! Ich nehme ihn an Kindes Statt an. Und sogleich wird mir leicht und fröhlich ums Herz. Ich beuge mich zu ihm hinunter und frage leise: „Wanjuscha", weißt du eigentlich, wer ich bin?" und er, es war wie ein Hauch: „Wer?" Da sage ich zu ihm ebenso leise: „Ich bin dein Vater." Mein Gott, was hat sich da getan! Er springt auf, schlingt seine Ärmchen um meinen Hals, küsst mich auf die Backen, auf den Mund, auf die Stirn und schreit, so dünn und hell wie eine Drossel, dass die enge Kabine davon ganz ausgefüllt ist: „Du mein lieber, guter Vati! Ich hab' es gewusst, dass du mich finden wirst! Trotz allem finden! Ich hab' so lange gewartet, bis du mich finden wirst!" Er schmiegt sich an mich und zittert am ganzen Leib wie ein Halm im Wind. Mir aber verschwimmt alles vor den Augen, auch mir geht ein Zittern durch den Körper, und meine Hände fliegen... Das reine Wunder, dass ich das Steuer nicht losgelassen habe! Beinahe wäre ich im Straßengraben gelandet, wenn ich nicht so schnell gebremst hätte.

Solange mir alles vor den Augen schwimmt, traue ich mich nicht weiterzufahren – es hätte ein Unglück geben können. So halte ich wohl fünf Minuten am Straßenrand, und mein Junge klammert sich mit aller Kraft an mich, zittert und sagt kein Wort. Ich lege den rechten Arm um ihn und drücke ihn leicht an

mich, mit der Linken aber wende ich den Wagen und fahre schnurstracks nach Hause. Den Silo lasse ich Silo sein, ich habe jetzt an andere Dinge zu denken.
Ich ließ den Wagen vor dem Tor stehen, nahm meinen neuen Sohn auf den Arm und trug ihn ins Haus. Er hielt mich immer noch mit seinen Ärmchen umschlungen und ließ mich nicht los. Sein Gesichtchen presste er an meine unrasierte Backe, als wäre es festgeklebt. Und so trug ich ihn hinein. Ich kam in die Stube, mein Freund und seine Frau waren gerade zu Hause, zwinkerte ihnen mit beiden Augen zu und sagte munter:
„Endlich habe ich meinen Wanjuscha gefunden. Nehmt uns auf, liebe Leute!“ Die beiden Kinderlosen begriffen sofort, was los war, und machten sich eifrig zu schaffen. Ich konnte den Jungen einfach nicht dazu bringen, mich loszulassen. Irgendwie gelang es mir schließlich doch. Ich wusch ihm die Hände mit Seife und setzte ihn an den Tisch. Die Hausfrau stellte ihm einen Teller Kohlsuppe hin, und als sie sah, mit welchem Heißhunger er aß, brach sie in Tränen aus. Sie stand am Ofen, die Schürze vorm Gesicht, und weinte. Mein Wanjuscha sah es, lief zu ihr hin, zupfte sie am Rock und sagte:
„Tante, warum weinst du? Vati hat mich vor der Imbissstube gefunden, da sollen sich doch alle freuen, und du weinst.“ Die gute Seele aber konnte sich gar nicht fassen, sie zerfloss geradezu in Tränen.
Nach dem Essen führte ich ihn zum Friseur und ließ ihm die Haare schneiden, dann badete ich ihn zu Hause im Waschtrog und hüllte ihn in ein sauberes Laken. Er umarmte mich wieder, und so schlief er in meinen Armen ein. Ich legte ihn vorsichtig ins Bett, fuhr zum Silo, lieferte das Korn ab, brachte den

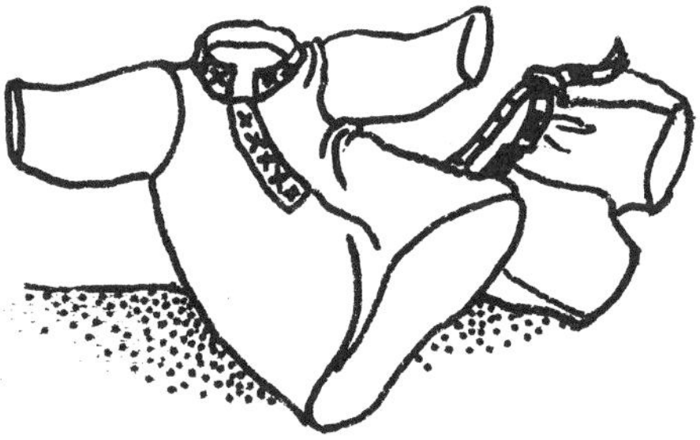

Wagen in die Garage und - im Dauerlauf durch die Läden. Ich kaufte ihm eine Tuchhose, ein Oberhemd, Sandalen und eine Schirmmütze aus Bast. Natürlich passte ihm das alles nicht, und auch mit der Qualität war es nicht weit her. Wegen der Hose schimpfte mich die Hausfrau sogar aus: „Du bist wohl verrückt geworden“, sagte sie, „dass du dem Kind bei dieser Hitze eine Tuchhose anziehen willst!“ Und schon kramte sie in der Truhe, im nächsten Augenblick stand die Handnähmaschine auf dem Tisch, und nach einer Stunde waren für meinen Wanjuscha bereits eine Turnhose aus Satin und ein weißes Sommerhemdchen mit kurzen Ärmeln fertig. Abends nahm ich ihn mit zu mir ins Bett und schlief seit langer Zeit zum ersten mal ruhig ein. Allerdings stand ich nachts an die viermal auf. Ich wache auf, und er liegt unter meiner Achsel, hingekuschelt wie ein Spatz unterm Wetterdach, und schnauft ganz friedlich, und mir wird so wunderlich froh ums Herz, das kann man mit Worten gar nicht sagen. Du liegst mucksmäuschenstill da, um ihn nicht zu wecken, aber schließlich steigst du ganz leise aus dem Bett, zündest ein Streichholz an, betrachtest ihn, und freust dich an ihm...

Überlege:

Wodurch wird Wanja in seinem Leben froh? Welchen Wunsch hat Wanja nun? Warum passt diese Erzählung zu der Stunde über die Taufe?

Kat.
6

Der Tagesablauf eines Pfarrers

Auch ein Pfarrer braucht einen Wecker, der ihn pünktlich weckt. Sonst würde er wohl manchmal verschlafen; besonders wenn es am Abend vorher spät wurde. Um 1/2 6 Uhr heißt es aufstehen! Um 7 Uhr ist die heilige Messe. Vor der heiligen Messe betet er das Morgengebet aus dem Brevier. Das ist das Morgengebet der Priester. Wenn der Pfarrer alles zur Feier der heiligen Messe vorbereitet hat, kann er noch eine halbe Stunde in der Kirche still Betrachtung halten. Da denkt er über das Evangelium oder über die Lesung nach, die er nachher in der heiligen Messe verkünden wird, und versucht, darüber mit Gott zu sprechen.

Nach der heiligen Messe spricht er mit einigen Leuten vor der Kirchtür. Dann trinkt er seinen Kaffee, denn schon ruft der nächste Dienst: drei alten Frauen und einem kranken Mann will er die heilige Kommunion bringen. Die beiden Frauen können nicht mehr zur Kirche kommen. Zu ihnen geht er alle 14 Tage. Der Mann hatte vor kurzem einen schweren Unfall im Betrieb gehabt. Von diesen

Besuchen wird der Pfarrer wohl erst vor dem Mittagessen zurück sein. Da reicht die Zeit gerade noch dafür, dass er sich alles für den Religionsunterricht am Nachmittag zusammenlegt: die Bücher, Papier und Schreibzeug.

Nach dem Mittagessen kann er eine Stunde ruhen und die Zeitung lesen oder in den Garten gehen.

Dann bereitet er sich auf den Unterricht vor, denn um 1/2 4 Uhr

kommen die 5. und 6. Klasse und um 1/2 5 Uhr die 7. und 8. Klasse. Dann hat er noch etwas Zeit bis zum Abendessen.
Nach dem Abendessen kommen heute die Frauen und Männer vom Pfarrgemeinderat. Mit ihnen will er überlegen, was sie für den Besuch des Bischofs vorbereiten müssen. Denn in einem Monat sollen die größeren Mädchen und Jungen aus der Gemeinde gefirmt werden. Da bleibt nicht mehr viel Zeit, wenn alles gut verlaufen soll. Er weiß, die Jugend, die Frauen und die Kinder werden bei der Vorbereitung helfen. Als er von der Pfarrgemeinderatssitzung in sein Zimmer zurückkehrt, ist er wieder einmal müde. Es ist ja auch schon 1/2 11 Uhr. Er betet sein Abendgebet und geht zu Bett.
Er schläft, bis ihn der Wecker wieder wecken wird.

Überlege:

Auf welche Weise erfüllt der Pfarrer die Aufgaben der Kirche? Hast du schon einmal daran gedacht, für deinen Pfarrer zu beten?

Ein Martyrer unserer Zeit

Kat.
7

Pater Maximilian Kolbe starb am 14.August 1941 durch Verhungern und Verdursten im KZ Auschwitz. Seinen Leichnam verbrannte man in dem Ofen des Krematoriums des Lagers und zerstreute die Aschenreste in alle Winde...
Mit seinem Sterben hatte es folgende Bewandtnis: Die Leitung des Lagers hatte angeordnet, dass für jeden Gefangenen, der aus Auschwitz entfloh, zehn politische Gefangene als Geiseln sterben sollten. Am 30.Juli 1941 entwich ein Gefangener aus Block 14, wo sich Pater Maximilian befand. In dieser Nacht schlief niemand im Zellenblock. Die ganze Nacht hindurch hörte der Priester die Beichten der Mitgefangenen. Am kommenden Morgen verkündete der Lagerkommandant, dass der Entflohene nicht gefunden worden sei. Alle Lagerinsassen wurden zur gewohnten Arbeit geschickt, nur die von Block 14 mussten bleiben, wo sie waren. Um Mittag wurde bekanntgegeben, dass der entwichene Gefangene noch immer nicht ergriffen worden sei. Der Nachmittag verging in Angst und Schrecken für die Leute von Block 14. Am Abend kehrten die anderen Gefangenen in ihre Zellen zurück. Der Mann war immer noch nicht ergriffen worden. Schließlich war das entsetzliche Warten vorbei. Der Lagerführer, namens Fritsch, betrat den Block 14.

„Der Entwichene ist nicht gefunden worden“, erklärte er.
„Zehn von euch haben durch Hunger und Durst zu sterben. Das nächste Mal werden es zwanzig sein.“ Dann schritt er die Reihen auf und ab, studierte jedes Gesicht und traf die schicksalsschwere Entscheidung.
„Sie..., Sie und Sie.“ Die zehn Todesopfer waren ausgewählt. Pater Maximilian war nicht dabei. Da schrie einer der Verurteilten, ein junger Mann, auf: „O meine arme Frau! Meine Kinder! Was wird aus meinen vier Kindern?“
Pater Maximilian trat vor, um Fritsch anzureden. Der aber griff nach seiner Pistole.
„Schweigen Sie! Bleiben Sie, wo Sie sind! Was wollen Sie, Sie Schwein?“ Der Priester antwortete: „Lassen Sie mich für einen dieser Verurteilten in den Tod gehen.“ Fritsch traute seinen Ohren nicht. Eine Minute blickte er gedankenverloren auf Maximilian.
„Wer sind Sie?“ - „Ich bin ein katholischer Priester.“ - „An wessen Stelle wollen Sie treten?“ – „An Stelle von diesem“, und damit zeigte der Priester auf den Mann mit den vier Kindern. „Warum?“, fragte Fritsch weiter. „Weil ich alt bin (er war erst 47 Jahre alt) und mein Leben nicht soviel Wert hat. Dieser Mann hat eine Familie!“ Eine Weile sagte Fritsch nichts. Dann winkte er Pater Maximilian, sich den zum Tode Verurteilten anzuschließen, während er dem Familienvater gebot in die Reihen der anderen zurückzutreten. Das Opfer war angenommen. In der Todeszelle nahm man den Geiseln ihre Kleider ab und überließ sie nackt dem Verhungern und Verdursten. Sie erhielten nichts zu essen, und was noch viel fürchterlicher war, nichts zu trinken. Man ließ sie allein. Was Pater Maximilian tat, um sie zum Tod vorzubereiten, muss wunderbar wirksam gewesen sein. Denn man hörte die Todeskandidaten zunächst singen und laut beten. Aber als die Tage vergingen ... und ihre Lippen anschwollen, wurden ihre Stimmen immer schwächer. Schließlich hörte man keinen Laut mehr. Einer nach dem anderen starb... Der Priester war der letzte, der in die Ewigkeit hinüberging. Vierzehn Tage nach dem Todesurteil fand ein Aufputzer die Leiche des Paters, der auf dem Boden saß, den Kopf gegen die Wand gelehnt. Der Arbeiter, der dies öffentlich bezeugte, sagte aus, dass er nicht wie ein Toter aussah, der an Hunger und Durst gestorben war. Völliger Friede lag auf seinen Zügen. Er schien zu schlafen.
Der Raum wurde für die nächsten zehn Insassen gesäubert und die Leichen ins Krematorium geschafft...

Überlege:

Warum ist Pater Kolbe freiwillig in den Tod gegangen? Versuche verschiedene Antworten! Welche Sätze aus dem Glaubensbekenntnis waren ihm eine Hilfe?

Don Bosco, der Bubenkönig

Kat. **8**

Johannes Bosco wurde in Becchi, in der italienischen Provinz Turin, 1815 als Sohn eines armen Bauern geboren. Bis zu seinem fünfzehnten Lebensjahr hütete er Schafherden. Johannes hatte die in seiner Umwelt seltene Kunst des Lesens gelernt. Ein herrliches Mittel, die langen Winterabende kurzweilig zu machen. Wie Fliegen dem Honigtopf, so sprachen die Leute von Becchi dem kleinen Lesekünstler zu und waren Aug und Ohr, wenn er über ihnen, auf einem Stuhl oder Schemel stehend, eine Geschichte las. Stunden hielten diese einfachen, nach Abwechslung hungrigen Leute aus, bis der Knabe die Lesung mit einem Ave schloss, wie er sie mit einem Ave begonnen hatte. Aber da kam der Frühling, die junge Welt drängte sich aus den Stuben in die Gärten und traf sich unter schattigen Nussbäumen. Wie sollte er die Kameraden und die größeren Burschen fesseln und sie vor den Gefahren der Langeweile sichern? Ihr denkt, dass er mit ihnen Räuber und Gendarm spielte? Aber das hätte höchstens ein paar Altersgenossen an ihn gefesselt. Sieh da, plötzlich trat er als fertiger Künstler auf eine ganz neue Art vor sie hin. Und wieder zog er ganz Becchi - es bestand freilich nur aus wenig Höfen - an sich. Wahrhaftig ein Tausendsassa! Was er nicht alles an Kunststücken fertigbrachte! Er spannte auf einer Wiese bei seinem Vaterhaus ein Seil von einem Birnbaum zu einem Kirschbaum. Und eines Sonntagabends zeigte er alle Künste eines Seiltänzers und Akrobaten. Zuerst ging er von einem Ende zum andern, dann marschierte er rückwärts auf dem Seil. Er machte Sprünge, lief und tanzte auf der schmalen Bahn. Er hängte sich an einem Fuß, dann an beiden auf. Dann kam eine neue Nummer. Unter nicht geringem Beifall führte er allerlei halsbrecherische und köstliche Turnkünste aus: den Riesenschwung, den Salto mortale zum Beispiel. Zur Abwechslung ließ er die Zuschauer über Zauberstücke staunen. Er verzehnfachte ein Dutzend Eier, verwandelte Wasser in Wein, drehte einem Huhn den Hals um und weckte es wieder zum Leben, holte hundert Pfennigstücke einem Zuschauer aus der Nase. Dann kamen Jongleurkünste und wiederum eine Reihe gefährlicher Sprünge; er machte sich zum Rad und marschierte auf den Händen. Es war ein reiches Programm, das jedem Zirkuskünstler Ehre gemacht hätte. Und was war sein Lohn? Dass ganz Becchi den Sohn der Margareta bewunderte und sagte, er könne in der Welt sein Glück machen? Für eine solche Eitelkeit lohnte es sich nicht. Er wollte mehr. Nun, als armer Tropf konnte er für Mühe und Schweiß und Gefahr ein kleines

Eintrittsgeld verlangen? Nein – Geld war ihm zu wenig... Er gab sich diese ungeheure Mühe einzig, weil er dadurch ein bisschen Missionar sein konnte. Und so verlangte er als Lohn, dass jeder vor Beginn der Schaustellung einen Rosenkranz mitbetete und die Predigt des Pfarrers von Murialdi anhörte, die sich der Kleine am Morgen angehört hatte und nun ziemlich genau wiederholte. Ein Wunder von einem Knaben, wahrlich ein seltenes Können und ein seltener Drang ... Später studierte Johannes Theologie und wurde 1841 in Turin zum Priester geweiht. Er lernte früh die Not der Jugend kennen, die sich arm, zerlumpt, verwahrlost herumtrieb und in Gefängnissen und Erziehungsanstalten verkam. Er fasste den Entschluss, sie der Verwahrlosung zu entreißen.
Er begann Jungen um sich zu sammeln und zu unterrichten. Bald waren es hundert. Es gelang ihm schließlich, einen Schuppen einzurichten. 1847 war die Zahl der Jungen bereits auf 800 gestiegen. Er baute Lehrwerkstätten. Ohne besondere amtliche Stellung, ohne große Mittel, oft von Krankheit befallen, schuf er allein aus der Liebe des Herzens und in einem unerschütterlichen Gottvertrauen großartige Werke und Einrichtungen.
Am 31. Januar 1888 starb mit ihm einer der größten Wohltäter der Menschheit.

Überlege:

Was gefällt dir an Johannes Bosco? Warum erzählt er den Leuten die Predigt des Pfarrers und betet mit ihnen?

Kat. **9**

Missionarinnen der Liebe

Mutter Teresa dient den Ärmsten der Armen in Indien: den Hungernden, Kranken, Sterbenden, Ausgestoßenen und verlassenen Kindern. Ihre Arbeit erschien am Anfang angesichts der großen Not aussichtslos. Aber sie blieb mit dieser Aufgabe nicht lange allein. Bald schlossen sich ihr freiwillige Helferinnen und Helfer an. Sie wurden Schwestern und Brüder. Heute gehören sie zu der Schwesterngemeinschaft, die sich „Missionarinnen der Liebe“ nennen. Es sind fast 1000 Schwestern und beinahe 200 Brüder. Mutter Teresa ist das Herz der Gemeinschaft. Ein Reporter schrieb: „Ich konnte keinen, der irgendwann einmal Mutter Teresa getroffen hätte und von dem Erlebnis unbewegt geblieben wäre.“

Die erste Schule

Unsere erste Schule gründeten wir in

einem Elendsviertel bei Loreto. Es war ein einfacher offener Platz zwischen den Hütten. Keine Tafel, keine Bänke, keine Stühle, nichts. Nur ein offener Platz. Mutter bat einen Arbeiter, der nichts zu tun hatte, das Gras mit einem Spaten auszuheben. Sie sammelte Kinder. Dann nahm sie einen Stock und schrieb auf den Boden in den Schmutz. Sie schrieb das bengalische Alphabet, sprach ein Gebet und fing mit ein paar Kinderreimen an. Schon am zweiten Tag stiftete irgendwer einen Tisch, dann einen Stuhl, später einen Schrank.

Sorge für die Kranken und Sterbenden

Von Anfang an kümmerte sich Mutter Teresa um die sterbenden Armen auf den Straßen, wo sie sie fand. Sie konnte sie nirgendwo hinbringen. Die Patres von St. Teresa waren so gut, ihr eine Ecke für die Ambulanz zu überlassen. Es kamen viele Leute. Eines Tages fragte sie mich, ob ich jemanden kennen würde, der ihr Arzneien geben könnte. Ich wusste jemand, aber ich hatte ihn noch nie getroffen. „Wir haben nur am Telefon miteinander gesprochen", sagte ich Mutter. Sie erwiderte: „Das genügt", und so gingen wir hin. Der Mann sprang fast aus dem Stuhl, als er hörte, dass wir die Sachen umsonst haben wollten. Er machte eine Liste, sagte, er wolle versuchen, alles für möglichst wenig Geld zu bekommen, und riet uns, in zwei Tagen wieder nachzufragen.
Als wir wiederkamen, gab er uns fünf Pakete mit Medikamenten, alles, worum wir gebeten hatten, und mehr. Und er sagte, sie brauche nichts zu bezahlen.
An diesem Tag sahen wir einen Mann im Regen ganz allein auf der Straße sterben. Mutter war sehr bewegt und um so entschlossener, ein Heim für Sterbende aufzumachen. Innerhalb von zwei Monaten fand sie eine Unterkunft. Es war bisher ein Rasthaus für Pilger, besonders für solche außerhalb Kalkuttas. Ein reicher Kaufmann sorgte für Essen und Kleidung. Inzwischen war es zu einer Höhle für Spieler und Rauschgiftsüchtige geworden und hatte einen üblen Ruf... Nach der Übernahme hatte Mutter ein paar Monate eine schlechte Zeit. Es gab abfällige Bemerkungen, immer wieder Drohungen und Steinhagel. Die jungen Leute der Umgebung beschwerten sich, dass eine Ausländerin die Armen zum Christentum bekehren wollte. Sie gingen zum Polizeikommissar und verlangten, dass sie ausgewiesen würde. Der Kommissar gab sein Wort, sagte aber, er müsse sich die Sache erst selbst ansehen. Als er kam, versorgte Mutter gerade einen Patienten, der Krebs oder so etwas hatte, und behandelte seine offenen Wunden. Der Gestank war furchtbar. Wie die Schwestern ihn ertragen, weiß nur Gott allein. Mutter spürte trotz ihrer vielen Arbeit, dass

der Mann zu einem bestimmten Zweck gekommen war. Wenn er sich umschauen wolle, würde sie ihn führen. Er sagte: „Nein, er wolle sich allein umsehen.“ Und das tat er. In der Zwischenzeit waren die jungen Leute der Umgebung hereingekommen und standen um Mutter herum, während sie arbeitete. Als der Polizeikommissar die Jungen sah, sagte er: „Ich habe mein Wort gegeben, dass ich diese Dame ausweisen würde, und ich will es halten. Aber bevor ich es tue, müsst ihr eure Mütter und Schwestern herbringen, damit sie die Arbeit tun, die sie tut. Erst dann werde ich meine Autorität einsetzen.“ Sie waren wie vor den Kopf geschlagen. Ein andermal meinte ein amerikanischer Journalist, als er zusah, wie Mutter Teresa die stinkende, ekelerregende Wunde eines Patienten versorgte: „Ich würde das nicht für eine Million Dollar tun.“ „Ich auch nicht“, sagte Mutter Teresa.

Der Tagesablauf der Schwestern

„Wir stehen um 4 Uhr auf, beten bis 1/2 7 Uhr und haben dann unsere erste Mahlzeit. Wir waschen unsere Wäsche und reinigen das Haus, bevor wir zur Arbeit gehen. Die Novizinnen kommen zum Mittagessen und zum Gebet heim. Sie ruhen ein wenig und haben dann regelrechten Unterricht. Sie studieren die Regeln und die Heilige Schrift. Sie müssen sich einer Prüfung unterziehen, ehe sie die Gelübde ablegen. Wir kommen um 1/2 1 Uhr heim, brechen um 2 Uhr wieder auf und kommen dann gegen 1/2 8 Uhr wieder zurück. Wir müssen zum Gebet wieder zurück sein. Das ist sehr wichtig. Mutter will nicht, dass sich die Missionarinnen der Nächstenliebe als Sozialarbeiter fühlen. Auf keinen Fall! Jeden Tag haben wir Messe, eine halbe Stunde Meditation, Morgengebet, Nachmittagsgebet und am Abend eine Stunde Anbetung. Anders wäre es nicht möglich, so zu arbeiten. Es hängt viel von der Beziehung des Menschen zu Gott ab. Wie Mutter Teresa sagt: ‚Er war nackt, und er war durstig, aber es hat keinen Zweck, zu bedauern, dass ich nicht zur gleichen Zeit wie Christus gelebt habe. Sehen Sie, für mich ist er hier.' Es ist daher gleichgültig, wohin ich geschickt werde oder was ich tue.“

Überlege:

Wie zeigt Mutter Teresa ihre Liebe zu den Mitmenschen? Woran können wir merken, dass Mutter Teresa Gott liebt?

Helfer der Aussätzigen

Als Damian Deveuster seine Freunde gesegnet hatte, die Jahre hindurch ihm bei seiner Arbeit auf der Missionsstation Kohala helfend zur Seite gestanden hatten, wandte er sich sehr schnell und bestieg das kleine Boot, das ihn an Bord des Schiffes bringen sollte. Er drehte sich nicht um. Das selbsterwählte Schicksal, das er vor sich hatte, erlaubte kein Umwenden und Zurücksehen. Das Schiff war schon mit Aussätzigen beladen, als der kräftige Mann über eine Strickleiter an Bord kletterte. Nach der Begrüßung durch den Kapitän ging Damian Deveuster rasch in seine Kajüte, denn er brauchte jetzt die Kraft des Gebetes. Gestern abend hatte Bischof Maigret bei seinem Besuch der Missionsstation in einer Versammlung von dem furchtbaren Schicksal der Aussätzigen auf der Insel Molokai gesprochen. Ohne einen Priester mussten sie ein verdammtes Leben auf der Insel führen, einen entsetzlichen Tod vor Augen. Nur selten bekam ein Sterbender die Gnade des Sakramentes, wenn das Regierungsschiff, das Essen und Kleidung brachte, einen Priester an Bord hatte. - Da hatte Damian Deveuster gewusst, was er jetzt tun musste. Er sagte zum Bischof: „Hier bin ich und bin bereit, auf die Insel zu gehen!“

Der Anker war eingezogen; an dem Rauschen des Wassers und dem Schwanken des Schiffes merkte Deveuster, dass sie aus dem Hafen fuhren. Einen Moment nur verspürte er eine Beklemmung, dann aber versenkte er sich wieder in die ruhige Kraft des Gebetes, und danach versuchte er bereits zu planen, wie er den Kranken auf der Insel das Leben erträglich machen würde. Vor allem wollte er die Kranken, die noch arbeiten konnten, durch die Arbeit von ihrem Los ablenken.

Sie waren in der Dämmerung ausgefahren; inzwischen war die Dunkelheit hereingebrochen, und Deveuster wollte noch übers Deck gehen. Die Schönheit der nächtlichen Meerfahrt fesselte ihn. Die Kranken waren unter Deck. Außer den wenigen Leuten, die Dienst taten, war niemand zu sehen. Damian Deveuster suchte sich einen einsamen Platz unweit der kleinen Treppe, die ins Schiffsinnere führte. Manchmal drang der Klang einer lauten Stimme bis hinauf zu ihm. Am Morgen würde er hinuntergehen zu den Kranken, aber jetzt wollte er für sich noch die kurze Freiheit der Einsamkeit, aus der ihm eine unendliche Kraft zuzuströmen schien. Über die Treppe kam jetzt vorsichtig eine dunkle Gestalt und ging zur Reling hinüber, ganz nahe an dem Priester vorbei. Deveuster erblickte den Menschen erst, als er schon im Begriff war, sich mit einer schnellen Bewegung über Bord zu schwingen. Schneller als ein Gedanke war Deveuster bei ihm und riss ihn auf die Schiffsplanken zurück. Er hielt ihn mit eisernem Griff fest. „Lassen Sie mich“, keuchte der Mann. „Es ist unbarmherzig, wenn Sie mich zurückhalten wollen!“ „Darüber“, sagte Deveuster, „müssen wir uns erst unterhalten.“ Er nahm den Widerstrebenden, in dem er einen der Kranken vermutete, die nach Molokai gebracht wurden, mit in seine Kajüte und hieß ihn sich niedersetzen. Er selbst stellte sich mit seiner massigen Gestalt vor die Tür.

„Wie heißen Sie?“ fragte er den Fremden.

„Miller“, sagte der andere.

„Ich bin Pater Deveuster.“ „Es ist sehr höflich von Ihnen, sich mir vorzustellen, Pater Deveuster. Bedenken Sie, ich werde ab morgen so etwas sein wie ein Teil eines Komposthaufens aus Menschen auf der Insel Molokai.“

„Ich auch“, sagte Pater Deveuster. „Soll das heißen, dass Sie krank sind, Pater?“ „Nein, das soll nur heißen, dass Molokai morgen einen Pfarrer bekommt, wie es sich für eine ordentliche Gemeinde gehört.“ Der Mann, der sich Miller nannte, starrte Deveuster entsetzt an. Er vergaß für einen Augenblick sein eigenes hartes Schicksal, weil er Deveuster für wahnsinnig hielt. Aber diese ruhigen und festen Gesichtszüge waren nicht die eines Geisteskranken.

„Ihr Vergleich mit dem Komposthaufen gefällt mir, Miller. Sie müssen wissen, ich bin ein Bauernsohn. Ich weiß, wie wichtig guter Dünger für die Felder ist. Keine schlechte Sache, wenn wir beide und alle die anderen auf der Insel dazu ausersehen sind, Dünger für Gottes Felder zu sein. Was sind Sie von Beruf, Miller?“

„Ich war Baumeister.“ „Und da wollen Sie sich so einfach mir nichts, dir nichts davonmachen, zum Schaden Ihrer Seele und zum Schaden derer, die – wie ich annehme – in stinkenden Schilfhütten wohnen müssen, wo ich Blockhäuser sehen will. Ist Ihre Krankheit schon sehr fortgeschritten?“ Deveuster fragte es sachlich und ohne jedes Mitleid.

„Nein.“

„Um so schlimmer, dass Sie sich vor der Verantwortung drücken wollen. Trinken Sie einen Genever mit mir. Wissen Sie, es gibt Momente im Leben, wo ein guter Genever Wunder tut.“ Er schüttete aus seiner Reiseflasche den wohlriechenden Schnaps in zwei kleine flache Zinnbecher. „Auf Ihr Wohl und auf eine gute Zusammenarbeit!“ Der andere zögerte, den Becher an die Lippen zu setzen. Er fühlte sich vergewaltigt von der unbekümmerten Kraft dieses fremden Priesters, der seinen schweren Entschluss, überhaupt sein

ganzes Schicksal, wie ein Nichts beiseite tat, ihm zutrank wie ein Bauer nach der Tagesarbeit und anfing, von gemeinsamen Bauplänen zu reden.
„Warum trinken Sie nicht?"
„Sie müssen den Becher wegwerfen", sagte der andere zögernd.
„Nun", sagte Deveuster mit einem feinen Lächeln, „mir scheint, als hätten wir alle - Sie und ich und die anderen auf dem Schiff – aus demselben Becher zu trinken. Es liegt an uns selbst, dass uns der Trank nicht bitter wird."
Es war nicht der Genever, es war die Macht, die von diesem Deveuster ausstrahlte, die dem Aussätzigen neue Lebenskraft in die Adern goss. Damian Deveuster wiederum erschien dies Zusammentreffen wie die erste bejahende Antwort auf sein Gebet.
„Auf Molokai!", sagte Deveuster jetzt und hob nochmals sein Glas. Aber noch zögerte der andere, ihm Bescheid zu tun.

„Haben Sie Ihre Familie zurücklassen müssen?", fragte Deveuster.
„Nein, ich bin ganz allein." „Um so besser für Sie und mich. Sie scheinen ein gebildeter Mensch zu sein, Sie sind noch arbeitsfähig, und – soweit mir der Verlauf der Krankheit bekannt ist – Sie werden es noch lange bleiben. Ich gebe zu, es ist kein leichtes Erlebnis, was uns erwartet, aber es wird viel zu leisten sein. Und was könnte ein Mann sich anderes wünschen!"
„Ich werde bei lebendigem Leibe verfaulen", sagte der andere. „Nur sehr langsam, und Sie werden von lauter Menschen umgeben sein, die dem gleichen Schicksal ausgesetzt sind und denen Sie helfen können."
„Wenn es wirklich wahr ist, was Sie vorhin gesagt haben, wenn Sie nicht mit dem abfahrenden Schiff Molokai wieder verlassen, dann –"
„Was dann?", drängte Deveuster.
„Hebe ich mein Glas und sage: Auf Ihre gesegnete Arbeit in Molokai, Pater Deveuster!"
„Und auf Ihre Mitarbeit! Ich glaube, ich kann Ihnen jetzt ruhig die Tür freigeben", lächelte Deveuster, der noch immer mit seinem breiten Rücken die Tür versperrte. „Das können Sie, Pater. Ich werde versuchen, dass ich oben an Deck bleibe, ohne dass mich jemand sieht. Denn bei den anderen unten ist es mir fast unerträglich."
Als die Kranken auf der Insel erfuhren, dass fortan der Priester bei ihnen bleiben würde, freuten sie

sich. Sie küssten sein Gewand, riefen ihm Segenswünsche zu. Sie nahmen ihn auf als einen der Ihren, und Damian Deveuster verstand: So musste es sein. Er musste ganz und gar einer der Ihren werden, um ihnen helfen zu können, um sein ungeheures Werk aufzubauen, das wenige Jahre später stand, eine geordnete Kolonie. Er baute statt Schilfhütten Blockhäuser, ein Krankenhaus, ein Waisenhaus und legte eine Trinkwasserleitung an. Obwohl Deveuster nach dreizehn Jahren selbst aussätzig war, wirkte er noch vier Jahre lang bis kurz vor seinem Tod am 15. April 1889.

Überlege:

Wie zeigt Damian seine Liebe zu den Mitmenschen? Woran können wir merken, dass Damian Gott liebt?

Kat.
11

Wie sich ein Vater seiner Kinder erbarmt

Wenn ich an meine Jungenzeit zurückdenke, wird mein Herz fröhlich. Wir hatten die besten Eltern, die je gelebt haben. Und gerade darum tut es mir heute noch weh, wenn mir eine böse Geschichte in den Sinn kommt. Andererseits habe ich gerade damals meinen Vater erst richtig liebengelernt.

Aber nun will ich ordentlich der Reihe nach erzählen. Damals war ich ein Junge von zwölf Jahren. Ich ging sehr ungern in die Schule. Ich glaube, ich war ganz einfach – faul. Jungen haben manchmal Zeiten, in denen ihnen der „Ernst des Lebens" höchst zuwider ist.

Ich weiß gar nicht recht, wie es kam – auf einmal war ich in ein riesiges Lügennetz verstrickt. Es fing wohl so an, dass ich eine schlechte Arbeit geschrieben hatte. Bekümmert sah ich Unheil auf mich zukommen. Nun würde man diese schlechte Note zum Anlass nehmen, meine Schularbeiten zu kontrollieren; ich würde Fehlendes nachholen und schrecklich arbeiten müssen. Dazu hatte ich einfach keine Lust. Und so verschwieg ich die schlechte Note. Die nächste Arbeit wurde noch schlimmer. Wieder beichtete ich zu Haus das Unheil nicht, sondern vielmehr, als eines Tages mein Vater nach den Arbeiten fragte, log ich ihm mit klopfendem Herzen etwas vor. Er wollte das Heft sehen. Da habe ich mich des Nachts hingesetzt und habe neue Hefte angefertigt. Dann musste ich mir Geld verschaffen, um rote Tinte zu kaufen, mit der ich die Unterschrift des Lehrers fälschte. Mein Vater bekam ein Heft mit den herrlichsten Zensuren zu sehen.

Damals habe ich gelernt, dass aus jeder Lüge wenigstens zehn neue herauswachsen. Schließlich war mein ganzes Jungenleben nur noch damit angefüllt, zu vertuschen und zu schwindeln. Das Lügennetz wurde immer verworrener. Mich hatte eine Art Panik gepackt. Ich hätte es jetzt viel bequemer gehabt, wenn ich nur meine Schularbeiten hätte machen müssen. Nun aber saß ich nachts und schrieb doppelte Hefte und fälschte Entschuldigungen. Und dabei ging es auf Weihnachten zu. Meine Eltern zerbrachen sich den Kopf darüber, wie sie uns erfreuen könnten. Und ich...! Wenn meine Geschwister fröhlich spielten, dann packte mich der ganze Jammer eines verpfuschten Daseins. – Wie sollte ich je da herauskommen?
Aber eines Tages brach die drohende Katastrophe herein. Deutlich, als wäre es erst gestern gewesen, sehe ich im Geiste die Szene vor mir. Meine Schwestern spielten im Flur mit dem Ball. Und ich saß finster brütend auf der Treppe. Dann läutete die Hausglocke – der Briefträger gab die Post ab. Wenige Minuten später ging die Tür des Studierzimmers auf, mein Vater erschien, und ruhig forderte er mich auf: „Komm doch mal herein!"
Mir klopfte das Herz bis zum Halse. Die Schreibtischlampe beleuchtete einen eben geöffneten Brief. Ich erkannte sofort die Schrift meines Klassenlehrers.
Was enthielt der Brief? Ich bemühte mich vergebens, ihn zu entziffern. Da

reichte mein Vater mir ihn schon. Und während ich zitternd las, setzte er sich in den Sessel. Es waren nur zwei Zeilen, in denen der Lehrer meinen Vater um eine Aussprache bat.
„Komm, setz dich", sagte mein Vater, „und erzähl mir, was denn da los ist!"
Nun musste ich bekennen, und aus meinem Herzen brach es heraus, all dies ganze Geknäuel von Schwindel und Betrug und Lüge und Faulheit und Schmutz. Ich war selber entsetzt, als ich es nun ausgebreitet vor mir sah. Oh, ich hätte mich anspucken mögen! Da saß nun mein lieber Vater, der uns täglich seine Liebe bewies, und es war, als wenn ein dunkler Schleier von tiefer Traurigkeit sich über ihn legte.
Endlich war ich fertig. Mein Vater war ganz in sich zusammengesunken.
Eine schreckliche und tiefe Stille lag zwischen uns. Nur draußen hörte man das fröhliche Lachen meiner Schwestern. Dann richtete mein Vater sich auf und sagte aus tiefster Seele: „Du wirst ein Nagel an

meinem Sarge werden. Nun geh!"
Und ich ging. Die Tränen flossen mir über das Gesicht, als ich die dunkle Treppe hinaufstieg zu meinem Zimmerchen. Erschrocken sahen die Schwestern mir nach. – Mechanisch zog ich mich aus und legte mich ins Bett. Keiner rief mich zum Abendessen. Ich hatte auch kein Verlangen danach. Später hörte ich, wie meine Mutter mit den Geschwistern Weihnachtslieder sang. Da heulte ich los. Ich begriff dunkel, dass Sünde ausschließt und einsam macht.
Ich war maßlos verzweifelt – über mich selbst! Kein Hund würde mehr ein Stück Brot von mir annehmen können! Mein Vater würde nie mehr fröhlich lachen können! Kein Mensch würde mich jemals mehr liebhaben!
Es war schon tief in der Nacht. Alle außer meinem Vater waren schon zu Bett gegangen. Ich hatte die gewohnten Geräusche gehört. Einsam saß der Vater wohl noch über der Arbeit in seinem Studierzimmer. Jetzt hörte ich seine Tür gehen. Jetzt stieg er zu seinem Studierzimmer im ersten Stock hinauf. Da! Mir stockte der Herzschlag ... Ich hörte deutlich, wie er die Treppe weiterstieg – herauf zu mir in den zweiten Stock! – Ganz langsam... Stufe für Stufe! Als wenn er eine schwere Last trüge!
Meine erschrockenen Gedanken jagten sich: Ich konnte mich nicht erinnern, dass mein Vater je in meine kleine Bude gekommen wäre. Was wollte er jetzt? Kam jetzt die große Abrechnung? Wies er mich aus dem Hause?
Schon war er vor meiner Tür angekommen. Ich merkte, wie er einen Augenblick stockte... Dann ging die Tür auf... Er trat in das dunkle Zimmer... Ich hielt den Atem an. Er stand ganz still, dann fragte er leise: „Schläfst du schon?"
Mir stieg ein unbändiges Schluchzen hoch. Sagen konnte ich nichts. Da kam er auf mein Bett zu..., behutsam legte er mir die Hand auf den Kopf und sagte: „Nun bist du froh, dass alles im Licht ist, mein lieber Sohn!"
Ich spürte, wie er sich niederbeugte und mir einen Kuss gab. Dann ging er. Ich lag wie gelähmt. Und doch – am liebsten wäre ich herausgesprungen! Ich hätte ihm um den Hals fallen mögen: „Mein lieber Vater!" Aber

ehe ich die Kraft dazu fand, hörte ich seine Tür gehen.
Ich lag allein im Dunkel. Selten habe ich eine solche unendliche Seligkeit gefühlt. Vergebung! Ja, nun würde alles, alles neu werden!
Am nächsten Tag ging mein Vater zum Lehrer. Ich weiß nicht, was sie miteinander besprochen haben. Mit neuem Mut legte ich mich fortan in die Schularbeit und brachte an Ostern ein gutes Zeugnis nach Hause. Niemals aber hat mein Vater wieder diese Geschichte erwähnt. Sie war ganz und gar abgetan. Die Schuld war vergeben. Später lernte ich die Vergebung der Schuld kennen, die der lebendige Gott uns in Jesus Christus, dem Gekreuzigten, schenkt. Da fiel mir wieder die alte Geschichte aus meiner Jungenzeit ein: Das ist die Vergebung, dass unsere Schuld nie mehr zur Sprache kommt und wirklich und wahrhaftig abgetan ist. Und hier – in der Vergebung - liegt alle Kraft zu einem neuen Leben. Wer sie erfährt und glaubt, der liebt seinen Vater von ganzem Herzen.

Überlege:

Wodurch wird der Junge schuldig? Wie fühlt er sich mit seiner Schuld? Was bewirkt die Vergebung des Vaters?

Beppos großer Wunsch

Kat.
15

Beppo Sarto war der Sohn des Briefträgers von Riese in Italien. Seine Eltern waren arm. Sie hatten eine bescheidene Wohnung. Es reichte gerade so für sie und ihre Kinder. Beppo war ihr Ältester. Er ging wie die anderen Kinder des Dorfes in die Schule. Er wurde bald Messdiener.
Als er zehn Jahre alt war, ging er zur ersten heiligen Beichte. Immer mehr fühlte er sich jetzt zur heiligen Kommunion hingezogen. In ein paar Jahren durfte er erst am heiligen Mahl teilnehmen. Warum man die Kinder nur so lange darauf warten ließ. Es waren für ihn noch vier Jahre, und wenn Beppo in der heiligen Messe die Leuchter hielt, beneidete er alle, die zur heiligen Kommunion gehen durften. Eines Tages fasste er sich ein Herz und fragte den Kaplan danach. „Ja, mein Lieber, das ist nun einmal so!", antwortete der Priester nachdenklich. „Ich kann das auch nicht ändern."
Ich werde den Pfarrer fragen, nahm sich der Junge vor. Aber der Pfarrer gab ungefähr die gleiche Antwort. „Ich darf das auch nicht ändern", sagte er lächelnd, „aber vielleicht fragst du einmal den Bischof. Er kommt im Sommer zur Firmung her." Nie zuvor hatte sich Beppo so

sehr nach dem Sommer gesehnt.
Als die Mutter von der Firmung mit ihm nach Hause gehen wollte, bat er sie, doch noch eine Weile zu warten. Er rannte ins Pfarrhaus, wo er trotz des entsetzten Einspruchs der Haushälterin in die Stube eilte, aus der er das laute Gespräch der Geistlichen hörte.
Ein wenig verwirrt stand Beppo vor den vielen Priestern, die mit dem Bischof am Tisch saßen und ihn erstaunt anblickten. Der Pfarrer nickte ihm ermutigend zu. So nahm er all seinen Mut zusammen, und als der Bischof ihn freundlich fragte, was er denn wolle, sagte er: „Ich möchte gern wissen, Herr Bischof, warum die Kinder so lange auf die Erstkommunion warten müssen.“
„Wie alt bist du denn?“, fragte der Bischof.
„Elf Jahre!“
„Nun, dann bist du wohl noch nicht verständig genug, um die heilige Kommunion zu empfangen.“ „Ich weiß, dass Jesus in der heiligen Hostie zugegen ist und in mein Herz kommen will. Wissen Sie mehr, Herr Bischof?“
Eine Weile schwieg Sartori, dann antwortete er lächelnd: „Vielleicht hast du recht. Aber ich kann es auch nicht ändern. Da müsstest du schon den Heiligen Vater fragen.“ „Nach Rom kann ich nicht gehen. Das ist zu weit!“, erwiderte Beppo kleinlaut.
„Nun vielleicht wirst du dann eines Tages einmal Papst?“, lächelte der Bischof. „Dann kannst du’s ja ändern.“
Beppo senkte den Kopf. Offenbar nahm ihn der Bischof nicht ernst.
„Können Sie mir denn nicht wenigstens ein Jahr schenken oder zwei Jahre?“
„Darüber werde ich mit deinem Herrn Pfarrer sprechen“, erwiderte der Bischof. „Übrigens haben wir ja beide fast denselben Namen, Sarto

und Sartori. Sartor ist ein lateinischer Name. Du weißt wohl noch nicht, was das auf Italienisch heißt?“
„Doch, es heißt Schneider!“ antwortete Beppo stolz.
„Ja, es stimmt wahrhaftig!“, nickte der Bischof freundlich. „Einen so gescheiten Jungen darf man eigentlich nicht so lange warten lassen. Aber nun geh, der Pfarrer wird dir meine Entscheidung mitteilen.“
Lange noch schaute der Bischof nachdenklich vor sich hin. „Vielleicht hat das Kind wirklich recht!“, sagte er endlich. „Man sollte sie nicht so lange warten lassen. Übrigens ein gewecktes Kerlchen, Ihr kleiner Sarto!“, wandte er sich an den Pfarrer von Riese.
„Er stammt von braven frommen Eltern und hat einen klugen Kopf und ein gutes Herz!“, nickte der Pfarrer.

„Gut, ich übernehme die Verantwortung. Lassen Sie ihn im kommenden Jahr zur ersten heiligen Kommunion zu!"
Am anderen Morgen konnte Beppo, der dem Pfarrer bei der heiligen Messe diente, es gar nicht abwarten, bis sie in die Sakristei zurückkehrten. „Was hat er gesagt?", fragte er aufgeregt den Priester.
„Wer soll was gesagt haben?", stellte der Pfarrer sich ahnungslos.
„Der Bischof! Wann darf ich kommunizieren?"
Da legte der Pfarrer seinem Messdiener beide Hände auf die Schultern, schaute ihn lange an und sagte endlich: „Lieber Junge, der Bischof hat mir erlaubt, dich schon kommende Ostern zum Tisch des Herrn zu führen. Das ist eine große Gnade, und du musst nun alles tun, um dich gut vorzubereiten." Der Junge war überglücklich. Er fasste die Hand des Priesters, drückte sie so fest er konnte und stürzte davon. Er hatte vor lauter Freude kein Wort sagen können.
Nun begann die Zeit der Vorbereitung. Die Monate, Wochen und Tage zählte Beppo. Endlich wurde es Weihnachten. Der Unterricht begann. Zuerst unterrichtete der Kaplan die Kinder. Er machte es mit einem so tiefen Glauben, dass alle ihr Bestes taten, um sich gut vorzubereiten. Keiner aber nahm die Vorbereitung so ernst wie der Sohn des Briefträgers. Im Unterricht passte er sehr gut auf. Daheim gab er sich Mühe, auch den kleinsten Fehler zu meiden, und es war bei den vielen Geschwistern nicht immer leicht die Geduld zu bewahren, zumal er im vergangenen Jahr noch ein kleines Schwesterchen bekommen hatte. Was zerrte daheim nicht alles an dem Ältesten herum! All die Schwestern hatten ihre Wünsche und wollten mit ihm spielen, während der Bruder ihn immer wieder in teils lustiger, teils ernster Weise herausforderte. Ja, manchmal war es schwer, sich zu beherrschen. Seinen treuesten Helfer hatte Beppo an seiner Mutter, die ihn abends, wenn die jüngeren Geschwister schon schliefen, aus ihrem gläubigen Herzen so einfach unterwies und ermahnte, dass er ihre Worte gut behielt.
Der Vater nahm ihn oft nach Feierabend in eine Wallfahrtskirche mit, um seinen Ältesten der besonderen Liebe der Gottesmutter zu empfehlen. Unterwegs beteten sie dann stets den Rosenkranz. Der Vater machte nicht viele Worte, aber was er aus väterlicher Güte sagte, blieb fürs Leben unvergessen.

Die letzten Vorbereitungsstunden gab der Pfarrer selber. Unter den Erstkommunionkindern fand er den jüngsten am besten vorbereitet, und er freute sich über den Entschluss des Bischofs, Beppo früher als die anderen zur heiligen Kommunion zuzulassen.
Endlich nahm auch der Winter ein Ende. Die Erde schmückte sich mit Blumen und hielt Auferstehung mit dem Herrn. Es war Ostern, und am dritten Festtag empfing Beppo das erste Mal Jesus in der heiligen Kommunion.
Als der Junge die Kirche verließ, strahlte die Freude aus seinen Augen. „Den Tag darfst du niemals vergessen, mein Junge!“, mahnte ihn die Mutter am Abend. „Wenn du Jesus treu bleibst, wirst du immer glücklich sein, was dir auch jemals im Leben geschieht.“ Dann zog sie ein kleines, in Seidenpapier gewickeltes Päckchen hervor, löste die Umhüllung und reichte dem Jungen zu dessen großem Erstaunen eine Taschenuhr. „Du weißt, dass wir arme Leute sind. Die Uhr ist nicht kostbar, nicht aus Silber oder Gold, sondern aus Nickel. Vater und ich schenken sie dir, damit du deinen Erstkommuniontag nie vergisst. Halte sie dein Leben lang in Ehren.“
„O Mutter, sie ist viel zu kostbar für mich!“, rief Beppo bestürzt. „Wie müsst ihr gespart haben, um sie zu kaufen! Aber ich danke euch von Herzen, und nie geb' ich sie her. Nicht für eine Million.“
„Soviel wird dir wohl nie einer für die arme Uhr geben wollen!“, lächelte die Mutter. Dann sprach sie mit ihrem Sohn das Abendgebet, zeichnete ihm ein Kreuz auf die Stirn und forderte ihn auf, sich schlafen zu legen.

Überlege:

Warum freut sich Beppo auf seine erste hl. Kommunion? Was tut er, um sich darauf richtig vorzubereiten? Was kannst du zur Vorbereitung tun?

Brot in deiner Hand

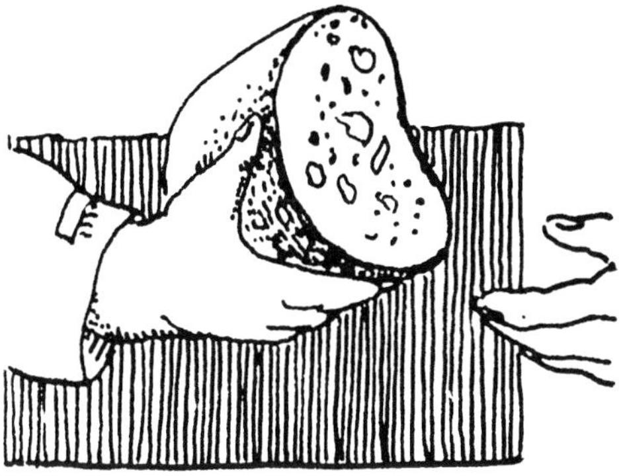

An der Jakobstraße in Paris liegt ein Bäckerladen; da kaufen viele hundert Menschen ihr Brot. Der Besitzer ist ein guter Bäcker. Aber nicht nur deshalb kaufen die Leute des Viertels dort gern ihr Brot. Noch mehr zieht sie der alte Bäcker an: der Vater des jungen Bäckers. Meistens ist nämlich der alte Bäcker im Laden und verkauft.
Dieser alte Bäcker ist ein spaßiger Kerl. Manche sagen: Er hat einen Tick. Aber nur manche; die meisten sagen: Er ist weise, er ist menschenfreundlich. Einige sagen sogar: Er ist ein Prophet. Aber als ihm das erzählt wurde, knurrte er vor sich hin: „Dummerei..."
Der alte Bäcker weiß, dass man Brot nicht nur zum Sattessen brauchen kann, und gerade das gefällt den Leuten. Manche erfahren das erst beim Bäcker an der Jakobstraße, zum Beispiel der Omnibusfahrer Gerard, der einmal zufällig in den Brotladen an der Jakobstraße kam. „Sie sehen bedrückt aus", sagte der alte Bäcker zum Omnibusfahrer. „Ich habe Angst um meine kleine Tochter", antwortete der Busfahrer Gerard. „Sie ist gestern aus dem Fenster gefallen, vom zweiten Stock."
„Wie alt?", fragte der alte Bäcker.
„Vier Jahre", antwortete Gerard.
Da nahm der alte Bäcker ein Stück vom Brot, das auf dem Ladentisch lag, brach zwei Bissen ab und gab das eine Stück dem Busfahrer Gerard. „Essen Sie mit mir", sagte der alte Bäcker zu Gerard, „ich will an Sie und Ihre kleine Tochter denken."
Der Busfahrer Gerard hatte so etwas noch nie erlebt, aber er verstand sofort, was der alte Bäcker meinte, als er ihm das Brot in die Hand gab. Und sie aßen beide ihr Brotstück und schwiegen und dachten an das Kind im Krankenhaus. Zuerst war der Busfahrer Gerard mit dem alten Bäcker allein. Dann kam eine Frau herein. Sie hatte auf dem nahen Markt zwei Tüten Milch geholt und wollte nun eben noch Brot kaufen. Bevor sie ihren Wunsch sagen konnte, gab ihr der alte Bäcker ein kleines Stück Weißbrot in die Hand und sagte: „Kommen Sie, essen Sie mit uns: Die Tochter dieses Herrn liegt schwer verletzt im Krankenhaus – sie ist aus dem Fenster gestürzt. Vier Jahre ist das Kind. Der Vater soll wissen, dass wir ihn nicht allein lassen." Und die Frau

nahm das Stück Brot und aß mit den beiden. – So war das oft in dem Brotladen, in dem der alte Bäcker die Kunden bediente. Aber es passierte auch anderes, über das sich die Leute noch mehr wunderten. Da gab es zum Beispiel eine Geschichte mit Gaston:

An einem frühen Morgen wurde die Ladentür aufgerissen, und ein großer Kerl stürzte herein. Er lief vor jemandem fort; das sah man sofort. Und da kam ihm der offene Bäckerladen gerade recht. Er stürzte also herein, schlug die Tür hastig hinter sich zu und schob den Riegel von innen vor.

„Was tun Sie denn da?", fragte der alte Bäcker „Die Kunden wollen zu mir herein, um Brot zu kaufen. Machen Sie die Tür sofort wieder auf." Der junge Mann war ganz außer Atem. Und da erschien vor dem Laden auch schon ein Mann wie ein Schwergewichtsboxer, in der Hand eine Eisenstange. Als er im Laden den jungen Kerl sah, wollte er auch hinein. Aber die Tür war verriegelt. „Er will mich erschlagen", keuchte der junge Mann.

„Wer? Der?", fragte der Bäcker

„Mein Vater", schrie der Junge, und er zitterte am ganzen Leibe.

„Er will mich erschlagen. Er ist jähzornig. Er ist auf neunzig!"

„Das lass mich nur machen", antwortete der alte Bäcker, ging zur Tür, schob den Riegel zurück und rief dem schweren Mann zu: „Guten Morgen, Gaston! Am frühen Morgen regst du dich schon so auf? Das ist ungesund. So kannst du nicht lange leben. Komm herein, Gaston. Aber benimm dich. Lass den Jungen in Ruh! In meinem Laden wird kein Mensch umgebracht." Der Mann mit der Eisenstange trat ein. Seinen Sohn schaute er gar nicht an. Und er war viel zu erregt, um dem Bäcker antworten zu können. Er wischte sich mit der Hand über die feuchte Stirn und schloss die Augen. Da hörte er den Bäcker sagen: „Komm, Gaston, iss ein Stück Brot; das beruhigt. Und iss es zusammen mit deinem Sohn, das versöhnt. Ich will auch ein Stück Brot essen, um euch bei der Versöhnung zu helfen." Dabei gab er jedem ein Stück Weißbrot. Und Gaston nahm das Brot, auch sein Sohn nahm das Brot. Und als sie davon aßen, sahen sie einander an, und der alte Bäcker lächelte beiden zu. Als sie das Brot gegessen hatten, sagte Gaston: „Komm, Junge, wir müssen an die Arbeit."

Überlege:

Brot ist nicht nur zum Sattessen. Was macht der alte Bäcker manchmal mit dem Brot im Laden? Unterstreiche in der Geschichte die Sätze, die uns sagen, warum er das tut! Vielleicht hast du auch schon einmal Brot geteilt und mit einem anderen gegessen. Erzähle ein Beispiel!

Warum macht der Priester eine Pause nach dem „Lasset uns beten“?

Kat. **20**

Neulich ist die kleine Ruth aus der Kindermesse nach Hause gekommen und hat gesagt: „Mutti, mit unserem Kaplan stimmt etwas nicht. Jedesmal wenn er bei der Messe gesagt hat: ‚Lasset uns beten', hört er plötzlich auf und sagt lange gar nichts mehr. Zuerst habe ich gemeint, er mache nicht weiter, weil es ihm schlecht geworden ist oder weil er das richtige Gebet in seinem dicken Buch nicht finden kann. Aber er sah ganz munter aus, und geblättert in seinem Buch hat er auch nicht. Er steht dann ganz einfach da vorn und macht nicht voran, bis auf einmal; dann geht es ganz normal weiter!“ „Hör mal gut zu“, hat die Mutter gesagt, „das machen wir hier daheim doch fast genauso beim Tischgebet. Wenn ihr gleich losschießen wollt mit dem Beten, da sage ich doch auch immer: Jetzt werden zuerst einmal die Puppen beiseite gelegt; die Eisenbahn steht still; das Geschrei und Gekicher hört auf. Wir sind einmal einen Augenblick ganz still. Wir wollen ja jetzt etwas ganz anderes, viel Wichtigeres tun als spielen. Wir wollen beten. So meint das euer Herr Kaplan. In der Kirche habt ihr zwar keine Puppen und Eisenbahnen bei euch, aber vielleicht sind die Gedanken noch bei dem Spielzeug daheim oder bei den Hausaufgaben oder bei tausend anderen Dingen. Da kann man nicht mit einem Satz ins Gebet hineinspringen. Da brächte man ja all die Zerstreuung mit, die man beim Beten nicht brauchen kann. ‚Wir wollen erst einmal zu uns kommen', will der Kaplan den Leuten sagen. Er meint nicht, dass sie in diesen paar Sekunden schon richtig beten sollen. Sie sollen nur denken: Jetzt wollen wir einmal alles andere fallenlassen. Jetzt ist nur eines wichtig: der große lebendige Gott, mit dem wir reden dürfen.“ Ich glaube, die Mutter hat es richtig erklärt, und die kleine Ruth hat bestimmt von da ab die „komischen Pausen“ ihres Herrn Kaplans besser verstanden.
Ich weiß übrigens noch ein anderes Beispiel, an dem kann man auch gut klarmachen, was hier gemeint ist.
Ich bin neulich in einem großen Dom gewesen. Um da hineinzukommen, musste ich zuerst eine große, feierliche Treppe heraufsteigen, aber da war ich noch nicht drin im Dom. Ich musste zuerst noch durch ein tiefes Portal mit alten

Kurzpredigt für Kinder

Heiligenfiguren an den Wänden; ich musste eine schwere Eichentür aufziehen; dann endlich war ich im Innern und hörte die Leute bei der Messfeier singen. Warum haben die alten Baumeister das so umständlich eingerichtet mit den Treppen und den Portalen? Das wäre doch viel einfacher gegangen. Sie hätten vorn in der Mauer des Doms ein großes Loch auflassen können. Dadurch hätte man gleich vom Markt ins Innere der Kirche springen können. Die Baumeister wussten, dass das für die Menschen nicht gut gewesen wäre. Sie hätten die ganze Unruhe vom Markt mit in die Kirche gebracht. Auf dem langen Gang über die Stufen und durch die Portale sollen sie erst einmal zu sich kommen. Sie sollen gleichsam zu sich selber sagen: Jetzt ist nur eines für uns wichtig. Jetzt vergessen wir einmal alles, was hier draußen ist und was wir hier draußen noch alles zu tun haben. Jetzt ist nur eines wichtig: jetzt wollen wir beten.
Liebe Kinder! Jesus hat einmal gesagt: Wenn du beten willst, dann geh in deine Kammer und mach die Tür zu. Das will der Priester den Leuten sagen, wenn er nach dem „Lasset uns beten" ein bisschen wartet. Er will sagen: Macht zuerst einmal die Türen da drinnen in euren Herzen zu, dass man nicht alles Geräusch von draußen hört. Still muss es werden draußen und drinnen. Dann können wir miteinander hintreten vor den lebendigen Gott, dann können wir anfangen, zu ihm zu beten.

Kat. **20**

Wie die Vögel das Zicklein retteten

Es war einmal ein Zicklein. Eines Tages kam ihm in den Sinn, einen langen Spaziergang zu machen.
Es sprang den Pfad entlang bis in den fernen Wald.
Im Wald war es dunkel und wurde bald stockdunkel. Eine große schwarze Wolke hing drohend über dem Wald. Endlich zerriss die große schwarze Wolke und goss einen fürchterlichen Regen herab. Kaltes Wasser rann in Strömen auf das Zicklein nieder, und das machte, dass es fortkam. Es sprang über eine Wiese. Kein trockenes Härchen war mehr an ihm, und es regnete und regnete.
Als die Wolke all ihr Wasser ausgegossen hatte und der Himmel wieder hell wurde, stand Zicklein auf einer kleinen Insel mitten in einem See. Ringsum nichts als Wasser. Nur hier und da guckten ein paar Strauchspitzen heraus. Bis zum Ufer war es weit. Zicklein konnte nicht schwimmen. Es musste auf Rettung warten, was blieb ihm weiter übrig? Zitternd vor Kälte kauerte es sich nieder und wartete.
Nicht lange, da ruderte, wer weiß,

woher, das Schwein in einem Boot vorbei.
„Rette mich, Grunzpeter“, flehte das Zicklein. „Nimm mich mit!“
„Hab' selber wenig Platz“, grunzte das Schwein und schaukelte auf den Wellen an der Insel vorbei. Zicklein war wieder allein.
Da tauchten am Ufer unerwartet zwei weitbekannte gierige Räuber auf: der Wolf und die Wölfin.
„Schon lange haben wir kein frisches Ziegenfleisch genascht“, sagte der alte Wolf.
„Ein appetitlicher Happen“, fand die Wölfin und leckte sich die Schnauze.
„Wie aber kommen wir da heran?“, wollte der Wolf wissen.
Die Räuber überlegten nicht lange und verschwanden im Gebüsch. Das Zicklein aber ahnte nichts Böses und blieb auf seiner Insel sitzen.
„Kraak, kraak!“, erscholl es plötzlich über ihm. Das Zicklein hob den Kopf und sah die Wildente Schnatterliese.
„Kraak! Was machst du hier?“, fragte Schnatterliese und zog über der Insel einen Kreis. „Siehst du das etwa nicht?“, entgegnete Zicklein kläglich.
„Ich sitze und warte auf Hilfe. Schwimmen kann ich nicht, fliegen kann ich nicht, und bis zum Ufer ist es weit.“
„Gut“, sagte Schnatterliese, „hab nur Geduld und warte, wir werden dir schon helfen.“ Damit schwang sie sich in die Höhe und war schnell verschwunden.
Das Zicklein ist in Not geraten! Wie der Wind eilte die Kunde durch die Wälder, über die Felder und Sümpfe ringsum. Keine Stunde war vergangen, und schon hatten sich alle guten Tiere auf einer grünen Waldwiese versammelt.
„Wir müssen helfen“, sagte Schnatterliese.
„Aber wie?“, fragte ein Storch, der eben erst herbeigeflogen war.
„Wir zimmern ein Floß und holen damit das Zicklein von der Insel“, schlugen die Biber vor. Sie waren Baumeister und immer schnell bereit, etwas zu zimmern. Sogleich machten sich alle an die Arbeit.
Jeder hatte etwas zu tun. Die Arbeit war in vollem Gange, da kam unverhofft ein Sperling angeflogen.
„Eben habe ich das Zicklein gesehen“, schilpte er atemlos. „Es weint.
Es ist hungrig. Vom frühen Morgen an hat es nichts gefressen.“
„Wir müssen ihm Futter bringen“, sagten die Hasen wie im Chor. Zwei flinke Hasen verschwanden und kamen gleich zurück mit frischen Mohrrüben und Kohlköpfen. Die Pelikane sperrten ihre Schnäbel auf, füllten die leeren Kehlsäcke mit Gemüse, nahmen Anlauf und rauschten in die Luft – immer dem Sperling nach.
Schon wenig später fiel dem Zicklein das Futter vor die Füße. Wie es sich da freute! Die Pelikane aber kehrten zum Ufer zurück, wo mit unglaublicher Geschwindigkeit das Floß gebaut wurde.
Aber auch in der Räuberhöhle war man nicht faul. Hier wurden die

Messer gewetzt, und das Wasser kochte schon in den Kesseln. Und drei der tollkühnsten Wagehälse, drei junge Wölfe, hatten sich drei dicke Baumstämme geschnappt und steuerten auf die Insel zu, wo das dumme Zicklein kläglich meckerte. Wie gut, dass die Bachstelze vorbeiflog und die Räuber bemerkte. Noch rechtzeitig erreichte sie den Ort, wo die Tiere das Floß zimmerten. „Schneller, Freunde, schneller!", zwitscherte sie. „Die Räuber sind schon unterwegs!" Das Floß war fast fertig und wurde ins Wasser geschoben. Ein Augenblick noch, und es schaukelte auf den Wellen, trieb vom Ufer fort. Zur selben Zeit erhob sich alles, was Flügel hatte, in die Luft. Zuerst flogen die Kraniche hoch, danach die Wildente Schnatterliese, der Storch und der Reiher. Sie verteilten sich über den Wald, ordneten sich zu einem Dreieck und nahmen Kurs auf die Insel mitten im See.
Die räuberischen Wölfe ruderten aus aller Kraft und redeten leise miteinander: „Gleich werden wir es packen. Gleich haben wir es." Aber es kam anders. Ehe sich die Räuber versahen, fiel die Vogelschar über sie her. Scharfe Schnäbel hackten die Wolfspelze. Die Räuber wussten nicht wohin, da flogen auch noch die Pelikane herbei. Sie flogen langsam, denn diesmal hatten sie Steine geladen. Die ganze schwere Last luden sie über den Wölfen ab.
Das hielten die Räuber nun doch nicht aus. Sie zogen die Köpfe ein, heulten vor Schmerz, verloren die Ruder und fielen ins Wasser. Gern wären sie ans Ufer geschwommen, um ihre Haut zu retten, aber die langschnäbeligen Vögel kreisten über ihnen und gaben nicht eher Ruhe, als bis der letzte Räuber unterm Wasser verschwunden war.
Das Floß aber legte bei der Insel an. Zicklein war außer sich vor Freude, gab Stummelschwänzchen einen Kuss und umarmte herzlich jedes Häschen. Sie machten ein Feuer, damit Zicklein sein Fell trocknen und sich wärmen konnte.
Wie Zicklein nach Haus zu den Eltern

kam, soll hier nicht erzählt werden. Wir wollen nur verraten, dass es zwei Tage nicht auf seinem Schwänzchen sitzen konnte. Na, das war ja zu erwarten!
Am dritten Tag luden die Ziege und der Ziegenbock alle ein, die

mitgeholfen hatten, Zicklein zu retten. Keiner wurde vergessen. Auch für den Spatz war gedeckt und für die Bachstelze. Auf dem Ehrenplatz saß die Wildente Schnatterliese, denn sie war dem Zicklein als erste zu Hilfe gekommen.
Da erschien plötzlich das Schwein. „Und wo ist mein Platz?“, grunzte es schon an der Schwelle.
Vater Ziegenbock aber antwortete streng: „Hier ist nur Platz für Tiere, die einander helfen. Sie, Nachbar, haben sich schlecht benommen!“
So musste Grunzpeter davonziehen. Im Haus von Vater Ziegenbock und Mutter Ziege jedoch ging es bis in die späte Nacht hinein lustig zu, die Gläser klangen und die Kohlstrünke knackten.

Überlege:

Warum dürfen alle am festlichen Mahl teilnehmen, nur das Schwein nicht? Jesus lädt uns in jeder heiligen Messe zu seinem Mahl ein. Überlegt Situationen, in denen wir uns gegenseitig helfen können!

Warum küsst der Priester das Evangelienbuch?

Kat. 21

Liebe Kinder! Bestimmt habt ihr euren Opa oder eure Oma schon einmal sagen hören: „Die Kinder machen mich noch verrückt mit dem ewigen Warum. Alles wollen sie wissen, auch das, was sie noch gar nicht verstehen können.“ Aber eigentlich ist das euer gutes Recht. Dafür sind die großen Leute da, um euch die vielen rätselhaften Dinge zu erklären, die es auf der Welt gibt (wenn man sie erklären kann). In der Kirche ist es nicht anders. Da sieht man auch so manches, was einem seltsam vorkommt, und man möchte gern fragen, warum. Zum Beispiel: gerade eben, ehe ich das Evangelienbuch hingelegt habe, habe ich es geküsst, und jedesmal seht ihr das, wenn der Priester oder auch wenn unser Diakon das Evangelium vorliest. Da möchtet ihr gern fragen: Warum küsst man denn ein Buch? Ich will euch das erklären, liebe Kinder. Küssen hat etwas mit Liebhaben zu tun; die Mutter küsst das kleine Schwesterchen und manchmal auch euch, weil sie euch liebhat; der Bräutigam küsst die Braut zum Zeichen, dass er sie liebt. So muss das Küssen des Buches etwas mit der Liebe zu tun haben, und ich glaube, da sind wir auf der richtigen

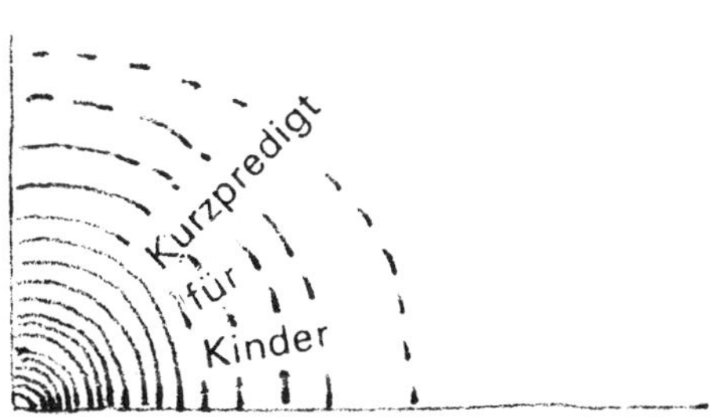

Spur. Wir müssen nur noch ein bisschen darüber nachdenken, was das für ein Buch ist, das der Priester hier küsst. Der große heilige Kirchenlehrer Augustinus hat einmal gesagt: Die Bibel ist ein Brief, den Gott selber uns vom Himmel aus geschrieben hat zum Trost auf unserer irdischen Wanderschaft.

Schon ein Brief von einem Menschen kann ein richtiger Trost sein. Ich habe im letzten Krieg ein junges Mädchen gekannt, das verlobt war, und der Bräutigam musste an die Front, und zuerst kam alle paar Tage ein Brief von ihm, und dann kam nichts mehr, eine Woche lang nichts, zwei Wochen lang nichts. Und auf einmal, nach einem ganzen Monat, kommt der Briefträger und schwingt schon von weitem einen Feldpostbrief in der Hand: Tatsächlich, der Bräutigam hat geschrieben, er lebt! Könnt ihr verstehen, dass das Mädchen vor lauter Freude den Brief geküsst hat, ehe es ihn aufgemacht hat? Der Kuss war nicht dem Umschlag oder der Briefmarke zugedacht: er war gemeint für den, der diesen Brief geschrieben hatte, und für das, was er qeschrieben hatte nach dem langen, langen Schweigen.

Wenn der Priester das Evangelienbuch küsst, dann sind nicht die Blätter und nicht die Buchstaben gemeint, sondern der „Absender“ im Himmel, der uns diesen Brief geschrieben, und das, was er uns in diesem Brief geschrieben hat, um uns zu trösten auf unserer Pilgerschaft.

Ich bin einmal bei der Messfeier einer kleinen Gruppe griechischer Christen gewesen, da hat der Priester das Evangelienbuch, nachdem er es geküsst hatte, den Leuten ringsherum zum Kuss gereicht, und ich erinnere mich noch gut, wie er es hochgehoben hat, dass ein Junge es küssen konnte, der noch so klein war, dass sein Vater ihn auf dem Arm tragen musste. Nicht nur der Priester ist froh mit diesem Buch; der Brief vom Himmel ist ja nicht nur an ihn, er ist an uns alle gerichtet; deshalb wird ja bei jeder Messe daraus vorgelesen.

Wenn man das auch bei uns nicht einführen kann, dass wir alle das Buch küssen: denken sollten wir das alle, was ein Priester denkt, wenn er das Buch küsst: Gott sei Dank, dass wir unter den vielen Millionen Büchern dieses eine Buch haben, in dem Gott selber immer wieder zu uns redet: den Brief des himmlischen Vaters an seine Kinder, die noch auf der Wanderschaft sind.

Der Adoptivvater

Kat. 23

Es lebten einmal drei arme Brüder, die hatten weder Vater noch Mutter, weder Haus noch Hof. So waren sie gezwungen, sich bei fremden Leuten zu verdingen. Als sie eines Tages wieder einmal auf der Suche nach Arbeit waren, begegneten sie einem alten Mann, der einen schneeweißen Bart trug.

„Wohin des Weges, ihr Burschen?"

„Wir gehen uns verdingen."

„Habt ihr keinen eigenen Hof?"

„Nein", antworteten sie. „Fänden wir einen Bauern, einen guten Menschen, der uns Arbeit gäbe, so würden wir ihm mit Leib und Seele dienen, wir würden ihm so gehorchen, als wäre er unser Vater."

Da sprach der Alte: „Wenn es so ist, dann seid meine Kinder, und ich werde euer Vater sein. Wollt ihr mir gehorchen, so werdet ihr es zu etwas bringen. Ich werde euch lehren, wie man das Leben meistert, ohne seine Redlichkeit zu verlieren."

Die Brüder willigten ein und schlossen sich dem Alten an. Sie wanderten durch dunkle, düstere Wälder über endlose Weiten. Jeder der drei Brüder fand ein Mädchen, heiratete und lebte mit ihm zusammen. Jedem sagte der alte Mann: „Nun, mein Sohn, sei froh und glücklich, doch vergiss nicht die Redlichkeit!"

Die beiden Ältesten wurden sehr reich. Eines Tages beschloss der Alte, seine drei Söhne zu besuchen. Er wollte einmal sehen, wie seine Söhne lebten, ob sie die Redlichkeit in Ehren hielten. Er kam zu ihnen als fremder Bettler.

Die ersten beiden Söhne hatten seine Mahnung vergessen. Sie waren geizig und gaben dem Bettler nichts. Der alte Mann ging wieder, und der Hof der beiden brannte mit allem Besitz augenblicklich ab.

Nun ging der Alte zum dritten, zum jüngsten Sohn. Dieser besaß eine kleine saubere Hütte und führte ein bescheidenes Leben. Als der Alte zu ihm kam, waren seine Kleider schon völlig zerschlissen.

„Gebt mir", sprach er, „wenigstens ein Stückchen Brot." Darauf erwiderte der junge Mann:

„Geht in die Hütte, Väterchen, dort bekommt ihr zu essen und noch etwas auf den Weg."

Der Alte trat in die Hütte. Als die Frau bemerkte, wie zerlumpt seine Kleider waren, tat er ihr sehr leid. Sie ging aus der Stube und kehrte bald mit einem Paar Hosen und einem sauberen Hemd zurück. Beides gab sie dem armen Alten. Dieser warf die Lumpen ab und zog das Geschenkte an. Dabei bemerkte die Frau auf seiner Brust eine entsetzlich weit klaffende Wunde. Sie bat ihn zu Tisch, setzte ihm zu essen und zu trinken vor. Darauf fragte ihr Mann: „Sagt mir, Väterchen, wie könnt ihr diese Wunde auf der Brust ertragen?"

„Das ist eine Wunde, die mich in Kürze ins Grab bringt. Es bleibt mir nur noch ein Tag zu leben", antwortete er.
„Gibt es denn kein Mittel dagegen?", fragte die Frau bekümmert.
„O doch", erwiderte der Alte, „aber niemand wird es mir geben, obwohl es jedermann geben könnte."
Da sagte der junge Bauer:
„Warum meint ihr, dass niemand es euch geben werde? Sagt mir doch, was für ein Mittel das ist!"
„Das einzige Mittel wäre, dass jemand eigenhändig sein Haus mit all seinem Hab und Gut in Brand steckt und, nachdem alles niedergebrannt ist, ein wenig Asche davon auf meine Wunde streut. Dann wird sie heilen. Wo sollte es aber nur einen Menschen in der Welt geben, der das für einen fremden Bettler tun würde?"
Da dachte der jüngste der Brüder lange nach und sprach dann zu seiner Frau: „Wie meinst du?" „Ich denke", sagte sie, „eine neue Hütte kann man bauen, wenn aber dieser gute Mann stirbt, so wird er nie mehr lebendig." „Wenn das also deine Meinung ist", sagte der junge Bauer, „so trage rasch die Kinder hinaus."
Als sie die Kinder in Sicherheit gebracht hatten, warf der junge Mann noch einen letzten Blick auf sein Haus. Um sein Hab und Gut tat es ihm leid, allein der arme Alte tat ihm noch mehr leid. Er steckte also die Hütte in Brand. Augenblicklich stand sie in Flammen. Bald war alles wüst und leer, so, als wäre hier nie etwas gewesen. Doch statt der alten stand plötzlich eine neue, wunderschöne Hütte da.

Der Alte lachte vergnügt in sich hinein.
„Ich merke, mein Sohn", sprach er, „dass von euch dreien nur du die Redlichkeit und Menschlichkeit in Ehren gehalten hast. Nun leb wohl. Glück sei mit dir."
Da erkannte der junge Mann seinen alten Adoptivvater und wollte ihn umarmen, allein der war verschwunden.

Überlege:

Was tat der jüngste Sohn? Warum tat er es? Was wird ihm geschenkt? In jeder heiligen Messe schenken wir uns – unsere Freuden und Sorgen Gott. Was schenkt er uns?

Warum wird das Vaterunser in der Kirche manchmal gesungen?

Liebe Kinder! Ihr wisst alle, was für ein großes Gebet das Vaterunser ist: Jesus selbst hat es den Menschen geschenkt. Zu seinen Jüngern und uns allen hat er gesagt: So sollt ihr beten.
Eigentlich sollte man meinen, ein so wichtiges Gebet, in dem all unsere Bitten an Gott zusammengefasst sind, müsste immer - schön feierlich und langsam – von den Leuten gesprochen, aufgesagt, nicht gesungen werden. Wenn jemand beim Bischof vorgelassen würde und ihm Bitten vortragen dürfte, würde er ja auch langsam und ruhig aussprechen, was er dem Bischof zu sagen hat. Ganz komisch wäre es, wenn er seine Bitten dem Bischof vorsingen würde. Aber genau das tun wir, zwar nicht jedesmal, aber doch manches Mal bei der Messe mit dem Vaterunser. Mit allen seinen Bitten singen wir es dem lieben Gott vor. Was soll man dazu sagen? Ist das nicht eigentlich auch ein bisschen komisch?
Liebe Kinder! Ich will euch ein kleines Erlebnis erzählen, das kann

uns hier vielleicht weiterhelfen. Ich habe einmal ein Trüppchen Schulkinder mit freudigem Getöse aus einem Schulhaus herausstürmen sehen (ihr wisst, wie das geht; man ist froh, wenn nicht eines über das andere fällt; keines kann rasch genug die Schultreppe herunter). Es gab hitzefrei. Und wie die Kinder dann über die Straße liefen, haben sie ihre Schulranzen in die Luft geworfen und unaufhörlich dazu gesungen: „Hitzefrei, hitzefrei.“ Liebe Kinder! Auch dieses Sätzchen hätte man genausogut sagen oder rufen (oder auch schreien) können. Warum wollten die Kinder es singen? Ihr habt es erraten. Weil sie so froh waren. Vor lauter Freude konnten sie nicht anders. Sie mussten ihre Freude heraussingen. So geht es uns, wenn wir Gott als unseren Vater anrufen. Auf einmal spüren wir die Freude, wie wunderbar das ist, einen richtigen Vater im Himmel zu haben, der so gut und so stark und so herzlich ist wie unser Vater daheim und noch tausend- und abertausendmal mehr, einen Vater, dem wir unsere Bitten mit Vertrauen vortragen können. Wir rufen nicht in's Leere hinein, wir wissen, dass da wirklich ein liebender Vater ist, der uns hört und erhört, der bereit ist, uns tatsächlich das tägliche Brot zu geben und die Schuld zu vergeben und uns zu erlösen von dem Bösen.

Ich weiß nicht, ob ihr schon einmal darüber nachgedacht habt, warum das Vaterunser gerade an dieser Stelle der Messe seinen Platz hat und nicht etwa am Anfang oder am Ende der Messe; man sollte meinen, da würde es ganz gut hinpassen. Statt dessen sprechen oder singen wir es jedesmal, wenn wir uns rüsten für die heilige Kommunion. Ich will euch sagen, warum das schon seit mehr als tausend Jahren so gemacht wird in der Messe. Wir sollen jedesmal am eigenen Leibe erfahren, dass Gott ein liebender Vater ist, der unsere Bitten erhört. Eben haben wir zu ihm gesagt: „Unser tägliches Brot gib uns heute" – und schon reicht er uns durch die Hand des Priesters heiliges Brot in unsere Hand, kein gewöhnliches Brot, nein Brot, das geheimnisvoll verwandelt ist in den heiligen Leib seines Sohnes, das kostbarste Geschenk, das wir Menschen aus Gottes Hand empfangen dürfen.
Kann man nicht verstehen, dass wir ein so großes und reiches, ein so rasch und so wunderbar erhörtes Gebet zuweilen vor lauter Freude einmal singen möchten, so wie die Kinder damals vor lauter Freude auf der Straße sangen: „Hitzefrei, hitzefrei!"

Kat. 24 Warum reichen wir einander vor der Kommunion die Hände?

Liebe Kinder! Für euch ist das schon ganz selbstverständlich geworden: bei jeder Kindermesse kurz vor der Kommunion kommt ein Augenblick, da lädt euch der Priester ein, euren Nachbarn nach links und nach rechts die Hände zu reichen, und ich sehe euch jedesmal an, dass dieser Friedensgruß euch große Freude macht. Ihr habt recht, liebe Kinder,

das geschieht nicht in allen Kirchen so, oder besser gesagt:
Es geschieht *noch* nicht in allen Kirchen so; denn langsam werden es die Kinder überall und dann auch die großen Leute merken, was ihr schon lange gemerkt habt: dass das schön und richtig ist, sich vor der Kommunion die Hand zu reichen.
Wie würden wir das den anderen Kindern erklären, die das bisher noch nicht gemacht haben? Ich meine, man könnte das so machen. Man würde zu ihnen sagen:
Seid ihr noch nie bei einem Hochzeitsessen dabeigewesen? Habt ihr nicht gesehen, wie die Gäste, die sich vielleicht noch gar nicht kannten

oder sich schon lange nicht mehr gesehen hatten, sich die Hand gaben, ehe sie sich auf ihren Platz an der Hochzeitstafel setzten. Da kommt doch keiner auf den Gedanken, sich stur vor seinen Teller zu setzen und nicht links und nicht rechts zu schauen und zu sagen: Was gehen mich die anderen Gäste an! Wenn ich nur bald etwas Ordentliches auf meinen Teller bekomme! Die heilige Kommunion ist so etwas wie ein Hochzeitsmahl, das wunderbarste, das es gibt auf der Welt. Manchmal hört ihr, wie der Priester unmittelbar vor der Kommunion mit der Hostie in der Hand sagt: „Selig, die zum Hochzeitsmahl des Lammes geladen sind." Da kann es einem nicht egal sein, wer sonst noch eingeladen ist zu diesem Hochzeitsmahl. Da muss man den Nachbarn grüßen und ihm gleichsam sagen: Wie schön, dass auch du eingeladen bist zu diesem heiligen Tisch, dass wir beide jetzt gleich miteinander essen dürfen von dieser heiligen Speise. Vor einiger Zeit war ich bei einer feierlichen Messe unter freiem Himmel auf dem Petersplatz in Rom, zu der hunderttausend Katholiken aus der ganzen Welt, weiße und schwarze und gelbe, zusammengekommen waren. Weil der Papst ein Mikrophon vor sich hatte und weil überall auf dem weiten Platz Lautsprecher waren, konnten die Hunderttausend alles vom Altar hören, konnten mitdenken, mitbeten und mitsingen. Später habe ich den Bericht einer einfachen Frau gelesen, die bei dieser unvergesslichen Messe dabeigewesen war (50 wie ich selber auch). Sie schrieb: „Bei dieser Messe war mir etwas passiert, das werde ich nicht vergessen, wenn ich hundert Jahre alt werde. In dem Trubel hatte ich gar nicht darauf geachtet, wer neben mir stand. Als es vor der Kommunion aus dem Lautsprecher hieß: Jetzt wollen wir zum Zeichen des Friedens unserem Nachbarn die Hand reichen, da sah ich auf einmal zu meinem größten Erstaunen: In meiner weißen Hand lag eine schwarze Hand. Eine Afrikanerin hatte neben mir gestanden, ohne dass ich es bemerkt hatte. Da wusste ich auf einmal, wie richtig dieses Handgeben vor der Kommunion ist. Ob weiß oder schwarz, ob arm oder reich, ob klein oder groß: an diesem Tisch sind wir alle Brüder und Schwestern und werden es jedesmal noch mehr."
Seht, liebe Kinder, darum bete ich euch ja manchmal, wenn ihr so in einer Kette Hand in Hand vor mir steht, ein kleines Gebet vor, etwa so: „Jesus Christus, Heiland und Erlöser. Du hast uns auch heute wieder alle miteinander eingeladen an deinen Tisch. Hilf uns, so gut zu sein zueinander, als ob wir alle Brüder und Schwestern wären. Zu deinen Brüdern und Schwestern hast du uns ja gemacht, als du diesen Leib für uns alle dahingegeben hast in den Tod. Amen."

Kat. **24**

Das Sonnenkörnchen

Es war einmal eine kleine rauhe Muschel. Sie lag am Meeresgrund, dicht an einen Felsen geschmiegt. Ringsum war es dunkel, und man konnte die kleinen Wasserpflanzen kaum erkennen. Um die kleine Muschel tummelten sich fröhliche Fischlein.
„Wie glücklich sie sind“, seufzte die Muschel. „Sie können überall herumschwimmen, und ich muss immer hier an diesem Felsen sitzen bleiben.“
Einmal kam ein buntes Fischlein vorüber.
„Bleibe ein bisschen hier“, rief sie, „und sag mir: Wie ist es dort oben, wo du immer hinschwimmst?“
„Wunderschön! Je höher hinauf man kommt, um so heller wird es!“, antwortete das Fischlein.
„Ach, und hier ist es so dunkel“, seufzte die Muschel traurig.
„Erzähle mir etwas vom Licht. Woher kommt es denn?“
„Ja, weißt du das nicht? Von der Sonne! Die ist das Schönste auf der Welt.“
„Und siehst du sie oft?“ „Jeden Tag.“
„Bring mir ein bisschen Sonne“, bat die Muschel. „Ich möchte sie auch gern sehen.“
„Das geht nicht. Die Sonne ist kein rundes Brot, von dem man ein Stück abbrechen kann. Und sie ist weit, weit fort.“
„Wie gerne ich die Sonne sehen möchte! Kannst du mir nicht helfen?“, bat die Muschel. Das Fischlein schüttelte den Kopf.
„Sei nicht traurig“, sagte das Fischlein zu der kleinen Muschel. „Ich werde jeden danach fragen. Sobald ich es erfahren habe, werde ich zu dir kommen.“
„Die Strahlen der Sonne können nicht bis zum Meeresgrund dringen, weil das Wasser sie nicht durchlässt“, erklärte ein Seestern. „Ihr seht ihr Licht, weil ihr nahe an der Oberfläche schwimmt, aber die Muschel muss immer am Grund bleiben.“
Da war die Muschel sehr traurig.
„Sag, ist die Sonne sehr schön?“
„Wunderschön! Wenn sie auf die Wellen scheint, dann leuchten sie wie Feuerflammen.“ „Weißt du“, erinnerte sich das Fischlein, „am Ufer gibt es viele von deinen Geschwistern. Die sehen die Sonne jeden Tag.“ „Wirklich?“, sagte die Muschel erstaunt. Sie wollte noch etwas fragen, aber da war das Fischlein schon wieder zwischen den Wasserpflanzen verschwunden.
Da beschloss die Muschel, selbst das Licht zu suchen. Wenn es am Ufer viele andere Muscheln gab, vielleicht hatten diese früher genau wie sie am Meeresgrund gelebt. Mühsam löste sie sich vom Grund und begann langsam den Felsen hinaufzuklettern

Viele Tage vergingen. Die kleine Muschel war schon ganz erschöpft. Es war nicht leicht, sich an dem glitschigen Felsen festzuhalten. Aber sie kletterte beharrlich weiter. Da sah sie etwas schimmern. Ob das die Sonne war? Mit letzten Kräften kletterte die Muschel weiter.

Aber der Felsen endete weit unter der Wasseroberfläche, und höher als auf seine Spitze konnte sie nicht gelangen.
„Muss ich nun immer hier bleiben?", dachte sie erschrocken. Ringsum spielten fröhliche Fischlein. Sie bat sie: „Helft mir doch, dass ich zum Licht hinaufkomme!" Aber die Fischlein waren so vertieft in ihr Spiel, dass sie die kleine Muschel nicht hörten, und sie blieb allein auf ihrem Felsen. Sie wusste, dass sie nun ihr ganzes Leben lang unter Wasser bleiben müsse. Aber ihr Verlangen, die Sonne zu sehen, war immer groß.
Eines Tages löste sich von dem Licht, das jeden Morgen erstrahlte, ein schimmerndes Sandkörnchen. Es glitzerte hell, als es im Wasser herabsank, und verlosch langsam. Die Muschel öffnete rasch ihre Schalen und fing es auf.
„Weshalb bist du dunkel geworden?", fragte die Muschel erstaunt.
„Du hast doch eben noch geleuchtet."
„Ich kann nicht leuchten.
Das Licht, das du gesehen hast, kam von der Sonne", antwortete das Sandkörnchen.
„Ach du Ärmstes, du wirst die Sonne nie wieder sehen! Wirst du dich sehr nach ihr sehnen?"
„Sehr!"
„Sei nicht traurig", tröstete die Muschel. „Ich werde für dich sorgen. Sag mir, woher bist du gekommen?"
„Ich lag am Meeresstrand. Jeden Morgen kam die Sonne und streichelte mich. Und ihre Liebkosung wärmte mich den ganzen Tag."
„Ach, armes kleines Sandkörnchen", flüsterte die Muschel. „Mein Haus ist dunkel und traurig. Aber ich habe dich lieb! Ich will dich auch streicheln wie die Sonne!" Von dem Tag an dachte die Muschel nur an das kleine Sandkörnchen in ihrem Schoß. Sie wiegte es und sprach zärtliche Worte zu ihm. Das tat dem Sandkörnchen wohl, und es begann zu wachsen. Als die Muschel einmal ihre Schalen öffnete, um Wasser zu trinken, sah sie voller Staunen, dass ein sanftes Licht von ihr ausging. „Seht doch!", riefen die neugierigen Fischlein.
„Die Muschel leuchtet!"
Auch das bunte Fischlein kam

geschwommen.
„Wie schön du bist! Du leuchtest, als hätte dich die Sonne beschienen!“, sagte es.
Die kleine Muschel war sehr glücklich. Sie wusste, woher dieser Glanz kam. Sie schloss sacht ihre Schalen und drückte das Sandkörnchen zärtlich an ihr Herz. Der Glanz des Körnchens wuchs von Tag zu Tag.
Aber eines Abends, als die Muschel schlafen wollte, tauchte ein großer Schatten auf, er näherte sich dem Felsen und begann Felsstücke abzubrechen.
Die Muschel hatte noch nie eine Menschenhand gesehen und wusste nicht, was sie davon halten sollte. Sie wurde in ein Netz gesteckt, und da blieb sie liegen und wagte nicht, sich zu rühren.
Dann wurde sie hinaufgetragen.
Das Wasser wurde immer heller und heller.
„Das ist die Sonne!“, rief die Muschel froh und öffnete ihre Schalen. Das Körnchen in ihrem Schoß strahlte in blendendem Glanz. Der Mann, der die Muschel vom Meeresgrund geholt hatte, sah diesen Glanz und nahm das leuchtende Körnchen heraus.
Auch in der Hand des Mannes schimmerte das Körnchen weiter.
Die Menschen nannten es eine Perle, und die Muschel nannten sie Perlmuschel. Und bis heute leben diese Muscheln im Dunkeln. Sie nehmen ein kleines Sandkörnchen auf und verwandeln es in eine wunderschöne Perle.

Überlege:

Welchen Wunsch hat die Muschel? Wodurch beginnt die Muschel zu leuchten? Christus ist das Licht der Welt. Was kann uns die Geschichte zu diesem Lehrstück sagen?

Warum soll man sich hinknien, wenn man von der Kommunion zurückkommt?

Kat.
25

Liebe Kinder! Ihr habt sicher schon gesehen, dass große Leute, wenn sie von der Kommunion auf ihren Platz zurückkommen, sich gleich oder doch bald danach – hinsetzen. Da darf man nicht sagen: „Das ist verkehrt." Es könnte ja sein, dass der betreffende Erwachsene, besonders wenn er schon etwas älter ist, gar nicht gut länger knien kann, weil ihm dann die Knie weh tun. Es könnte aber auch sein, dass er zu den Menschen gehört, die gelernt haben, im Sitzen zu beten.

Das ist bei euch Kindern noch anders. Erstens habt ihr noch keine Gicht in den Knien. Zweitens ist das mit dem Beten im Sitzen für euch so eine Sache. Für euch bedeutet das Hinsetzen doch noch mehr, dass man sich ein bisschen ausruht und abwartet, bis es weitergeht.

Deshalb habt ihr schon im Kommunionunterricht gelernt: „Wenn man vom Empfang der heiligen Kommunion auf seinen Platz zurückkommt, kniet man sich still hin und schaut nicht links und nicht rechts und betet. Niemals kann man ja so gut beten wie in diesem Augenblick. Niemals ist Jesus so nahe bei uns. Niemals kann man das Herz so gut „ausschütten" vor ihm. Was kommt denn da alles heraus, wenn ihr euer Herz ausschüttet? Da ist z. B. wahrscheinlich zualleroberst der Gedanke an eure Eltern und Großeltern, dass sie gesund bleiben (oder wieder werden), dass ihnen nichts passiert (vor allem, wenn sie mit dem Auto unterwegs sind). Ihr denkt aber auch an eure Geschwister und Mitschüler, und schließlich dürft ihr auch an euch selber denken, dass ihr immer mehr so werdet, wie Jesus euch haben will. Aber ihr denkt in diesen Augenblicken auch an die Sorgen der Welt. Ihr betet, dass die Menschen sich endlich vertragen.

Das alles braucht ihr dem Herrn nicht in wohlgesetzten Worten zu sagen. Er versteht uns immer, auch wenn wir nicht so richtig herausbringen, was uns drückt; er weiß, was wir sagen möchten. Ja, wenn wir gar nichts sagen und nur eine Weile ganz gesammelt stillhalten würden vor ihm, wäre es schon genug. Ich habe einmal von einem Missionar gelesen, der war so erstaunt, dass einer seiner afrikanischen Jungen immer so lange versunken vor dem Allerheiligsten kniete. Gebetbuch hatte er keines bei sich; es hätte auch nicht viel geholfen, denn er

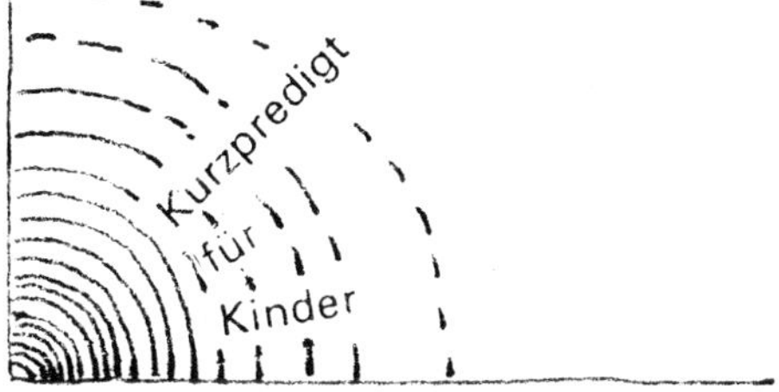

konnte nicht lesen und nicht schreiben. „Was machst du nur die ganze Zeit, wenn du so vor dem Allerheiligsten kniest?“, hat er den Jungen gefragt. Der hat gesagt: „Was ich mache, Pater? Ich halte meine Seele in die Sonne!“ Das tun wir nach der heiligen Kommunion, liebe Kinder. Wir halten unsere Seele in die eine große Sonne, die nie untergeht, die so warm und so hell und so froh macht, wie es die Sonne am Himmel nicht fertigbringt. Ich glaube, liebe Kinder, jetzt versteht ihr auch, warum es in unserer Pfarrei immer noch Brauch ist, dass ihr Kinder in diesen Augenblicken nach der Kommunion eine Weile lang die Hände vors Gesicht haltet. Ihr habt sicher schon gesehen, dass man das nicht mehr überall macht. Aber wir bleiben dabei. Es ist bestimmt heilsam und hilfreich für euch, wenn ihr in diesen kostbaren Augenblicken nichts seht, was euch ablenken und zerstreuen kann. Ihr könnt so besser beten, darauf kommt es an.
Erinnert ihr euch noch, was Jesus vom Beten gesagt hat?
„Wenn du beten willst,
dann geh in deine Kammer und mach die Türe zu!“ Die Hände vor dem Gesicht sind so etwas wie eine geschlossene Tür. Was draußen ist, sieht man auf einmal nicht mehr. Man ist allein mit dem großen Gast, der uns froh und reich machen will, wenn wir nur stillhalten. Amen.

Kat. **25**

Warum heißt der erste Tag der Woche „Sonntag“?

Liebe Kinder! Das habt ihr bestimmt schon gelernt, dass der Sonntag tatsächlich seinen Namen von der Sonne hat. Unsere Vorfahren haben ihm diesen Namen gegeben, lange ehe sie Christen waren. Der Name war also schon im Gebrauch, als die ersten christlichen Missionare in unser Land kamen und den Leuten sagten: Diesen Tag der Woche, den ihr „Sonntag“ nennt, müsst ihr vor allen anderen Tagen heilig halten, an ihm müsst ihr jedesmal zusammenkommen und das Gedächtnis des Erlösers feiern: denn an diesem Tag ist er glorreich von den Toten auferstanden. Da muss man sich eigentlich wundern, dass die Missionare nicht einen Schritt weiter gegangen sind und gesagt haben: Deshalb wollen wir diesem Tag von jetzt an einen anderen Namen geben; wir könnten ihn zum Beispiel „Christustag“ nennen.

Ich will euch erklären, warum die Missionare das nicht getan haben. Sie haben gedacht: Besser lassen wir den Leuten den alten Namen und geben ihm nur eine neue Bedeutung. Das geht bei diesem Namen besonders leicht. Christus hat ja selber gesagt: Ich bin das Licht, das heißt soviel wie: Ich bin die Sonne der Welt. So haben die Missionare den Leuten gesagt: Euer alter Name für diesen Tag kann ruhig bleiben. Nur müsst ihr, wenn ihr ihn gebraucht, an eine andere Sonne denken, die Sonne, die am Ostermorgen aus dem Grab in Jerusalem aufgegangen ist und seitdem allen Menschen scheint, die an Christus glauben. Sonn-Tag heißt soviel wie Christustag. Tatsächlich, wenn man es so versteht, ist „Sonntag" eigentlich der schönste Name, den man sich für den ersten Tag der Woche denken kann. Es ist der Tag, an dem Christus, unsere wahre Sonne, aus dem Grab aufgegangen ist und uns immer neu aufgeht am Altar. Deshalb ist es so selbstverständlich und so notwendig, dass wir uns an diesem Tag um den Altar versammeln, auf dem Christus ruht als unser Opferlamm und Osterlamm und uns einlädt zum Opfermahl und Ostermahl. Wie hat der Junge gesagt, von dem wir das letzte Mal gesprochen haben: Ich halte meine Seele in die Sonne. Das tun wir jeden Sonntag, wenn wir zur Messe kommen und zur Kommunion gehen. Da werden unsere Herzen vom Licht Christi hell und warm.

Fragt einmal die Menschen in den Alpen, die in tief eingeschnittenen Tälern wohnen, wo ein paar Tage

oder gar Wochen im Jahr die Sonne gar nicht hinkommt, was das für traurige Tage sind. Ein alter Pastor in Tirol hat mir erzählt, er sei in einem solchen Tal Kaplan gewesen. An dem Morgen, an dem zum ersten Mal nach neun sonnenlosen Tagen die Sonne wieder ins Schulzimmer schien, sind die braven Tiroler Mädchen und Buben plötzlich auf die Bänke gestiegen und haben geschrien vor lauter Freude. Unsere Sonntagsfreude ist zwar nicht gerade so laut, aber man kann sie doch mit der Freude vergleichen, die an jenem Morgen in der Tiroler Schulstube ausgebrochen ist. Die wahre Sonne unseres Lebens geht uns auf an dem Tag, den wir „Sonn-Tag" nennen, und wir dürfen unsere Seele in diese Sonne halten: wie sollten wir uns da nicht freuen!

Kat.
25

Sich erinnern

Schon seit dem frühen Morgen sind sie mit ihrem Trabant unterwegs. Dorothee und Bernhard sitzen hinten im Auto, Vater und Mutter vorne. Die herrlichen Ferien in den Bergen sind zu Ende. Und nun sind sie auf der weiten Heimreise.
Dorothee lehnt sich nach vorne: „Mutti, weißt du noch, wie Vati beim Wandern gestolpert ist und auf dem Hosenboden den Hang 'runterrutschte?“ Dorothee muss laut sprechen bei dem Lärm des Motors. Mutter lacht: „Ja, das war lustig!“
„Nanu, was ist denn das?“, sagt der Vater. „Die rote Lampe leuchtet auf!“ Er lässt den Wagen an den Rand der Fahrbahn rollen. Er steigt aus und öffnet die Motorhaube. „Was ist los?“, fragt Mutter ängstlich.
„Der Keilriemen ist hin!“, sagt der Vater. „Was machen wir jetzt?“, fragt Dorothee mit einer Stimme, die schon dem Weinen nahe ist. Bernhard holt die Werkzeugtasche aus dem Kofferraum. „Das hat keinen Zweck“, sagt der Vater. „Wir haben keinen neuen Keilriemen. Wartet hier! Ich laufe zum nächsten Telefon und rufe den Kfz-Hilfsdienst an.“ Er nimmt seine Jacke und will fortgehen. Zur gleichen Zeit ist ein anderer Trabant unterwegs.
„Wie spät ist es eigentlich?“, fragt Herr Jansen seine Frau, die neben ihm sitzt.
Frau Jansen schaut auf die Uhr.
„Kurz nach zwei!“
„Na, dann werden wir heute Nachmittag nicht allzu spät zu Haus sein“, sagt Herr Jansen.
„Du, Günther, schau mal! Da vorne der Wagen scheint eine Panne zu haben. Die kommen nicht mehr weiter“, sagt plötzlich Frau Jansen.

Herr Jansen wirft einen kurzen Blick aus dem Seitenfenster. Ein kleiner Junge steht hilflos vor einer geöffneten Motorhaube, und ein Mann mit einer Jacke über dem Arm will fortgehen. Im Auto sitzen noch eine Frau und ein kleines Mädchen.
„Du, halt an! Die Leute brauchen Hilfe“, sagt Frau Jansen.
„Ach was! Die kommen schon irgendwie weiter“, murmelt Herr Jansen und schaut wieder auf die Fahrbahn.
„Halt bitte an!“, sagt wieder Frau Jansen, aber diesmal viel energischer.
Widerwillig nimmt Herr Jansen den

Fuß vom Gaspedal und lenkt den Wagen an den Straßenrand. „Wenn wir uns bei diesen Leuten aufhalten, verlieren wir unsere Zeit. Und außerdem sind wir gar nicht dazu verpflichtet“, rechtfertigt er sich. „Und der Mann, der dir damals geholfen hat, als du kein Benzin mehr hattest? War er dazu verpflichtet? Erinnere dich bitte, Günther!“
„Hm!“, macht Herr Jansen. Plötzlich lacht er: „Recht hast du!“ „Wie immer“, ergänzt Frau Jansen, und jetzt lacht sie auch. Herr Jansen legt den Rückwärtsgang ein und lässt seinen Wagen zurückrollen. Er steigt aus und ruft: „Na, hat der Wagen keine Lust mehr?“ „Der Keilriemen ist hin. Und wir haben keinen neuen“, ruft Bernhard. „Sie haben Glück. Ich habe einen Ersatzkeilriemen mit“, sagt Herr Jansen. Er holt den Keilriemen und sagt: „Soll ich helfen?“
„Das wär' schön“, sagt der Vater. „Ich habe noch nie einen gewechselt.“
Herr Jansen wechselt den Keilriemen. „So, jetzt wird es wieder gehen“, sagt er. Seine Hände sind ganz schwarz und ölig geworden. Vater schaut Herrn Jansen dankbar an, auch Mutter, auch Dorothee und Bernhard.
„Danke“, sagt Vater. „Sie haben uns sehr geholfen. Wie können wir das Ihnen nur wieder gutmachen?“
Herr Jansen wehrt ab: „Nichts zu danken! Das ist doch selbstverständlich, dass wir uns gegenseitig helfen.“ Vater greift zur Brieftasche.
„Nein, nein! Ich nehme kein Geld“, sagt er und wischt mit einem Lappen das Öl von seinen Händen. Dann steigt er in seinen Wagen und fährt ab. „Danke schön!“, ruft Vater hinterher. Aber der Fremde hört es nicht mehr.

Danken heißt nicht nur „Danke schön“ sagen.
Danken heißt: sich erinnern an die Liebe,die wir von anderen bekommen haben. Danken heißt: die Liebe weitergeben.

Überlege:

Wer ist in der Geschichte dankbar? Wie zeigt sich die Dankbarkeit? Auf welche Weise können wir Jesus für seine Liebe danken?

Kat. **26**

Der Gottesträger

Als die Botschaft von Christus nach Rom kam, herrschten dort grausame Kaiser. Sie verfolgten die christliche Gemeinde und töteten viele Christen. Deshalb feierten die Gläubigen die heilige Messe in unterirdischen Grabanlagen, in den Katakomben. Die nächtliche Opferfeier war zu Ende. Noch brannten vor dem armseligen Altar ein paar Öllichter. Nachdem er den Segen gegeben hatte, wandte sich der alte Priester den Gläubigen zu und sagte: „Ich habe zuverlässige Nachricht, dass viele unserer gefangenen Brüder und Schwestern morgen zum Tode geführt werden sollen. Man will sie den wilden Tieren im kaiserlichen Zirkus vorwerfen. Damit ihnen aber die Kraft zum Sterben nicht fehle, sollen sie noch einmal die heilige Kommunion empfangen. Da ich aber den Heiden bekannt bin, muss einer von euch das heilige Brot zu den Gefangenen tragen. Wer will diesen Dienst auf sich nehmen?" Ohne zu zögern meldeten sich eine Anzahl von Christen sofort. Während der Priester sie prüfend anschaute, drängte sich ein zwölfjähriger Junge vor. „Vater, lass mich Jesus tragen!", rief er begeistert. Der Priester schaute den Jungen lächelnd an und schüttelte den Kopf: „Du bist noch zu jung, Tarsizius!" „Bei keinem ist Jesus sicherer als bei mir", widersprach der Junge eifrig. „Wer soll schon bei einem Kind das Geheimnis unseres Glaubens vermuten? Ich schwöre, dass ich mich eher totschlagen lasse, als ihn den Heiden zu überliefern."
Eine Weile überlegte der Priester schweigend. Ja, der Junge hatte recht. Vielleicht war die heilige Last bei keinem so sicher wie bei einem Kind.
„In Gottes Namen denn", seufzte er. Dann legte er eine kleine Silberkapsel, die an einer seidenen Schnur hing, dem Jungen um den Hals. Tarsizius verbarg die Kapsel unter seinem Gewand auf der Brust. Mit der rechten Hand umklammerte er fest das Heiligtum. Dann verließ er, ohne aufzuschauen, den geweihten Raum, während die Umstehenden sich betend hinknieten. Es ist schon hell, als Tarsizius durch die Straßen Roms geht. Er will beten, aber sein Mund weiß kaum ein Wort zu formen, so voll ist sein Herz von Freude. Er denkt nur immer wieder: „Ich danke dir, mein Gott, dass ich dich tragen darf." Er kommt in die Stadt. Dort erwacht der Lärm des Tages. Schwarze, braune und weiße Sklaven tragen eilig irgendeine Last. Ein Trupp Soldaten marschiert von einer Nachtübung in die Kaserne zurück. Irgendwo tummeln sich spielende Kinder. Auf den Jungen, der das Allerheiligste durch die Stadt trägt, hat niemand acht. Ganz in

Gedanken versunken ist Tarsizius zum Platz der Kaiser eingebogen. Da fühlt er sich plötzlich am Arm gepackt.
„He, Tarsizius, was ist mit dir?", schreit ihm ein Junge zu, in dem er seinen Mitschüler Claudius erkennt. „Ich habe dich schon dreimal gerufen. Du träumst wohl mit offenen Augen?"
„Was willst du denn von mir?" „Na, mitspielen sollst du." „Ich kann jetzt nicht", erwiderte Tarsizius ruhig. „Ich habe etwas Eiliges, Wichtiges zu tun." „So, was denn?", fragt Claudius ärgerlich. „Was hältst du eigentlich immer unter deinem Rock fest? He? Darf man das vielleicht auch mal sehen?"
„Er scheint etwas gestohlen zu haben", ruft einer dazwischen. „Quatsch, Tarsizius stiehlt nicht!", brummt Claudius. „Aber jetzt will ich wissen, was du hast. Her damit!"
„Her damit!", schreit nun die ganze Rotte der jungen Römer.
„Ich zeig' es euch nicht!", sagt Tarsizius. „Und nun lasst mich gehen!" Da aber fällt die Bande brüllend über ihn her, versucht ihm die Hand aus dem Gewand zu zerren. Verzweifelt wehrt sich der kleine Gottesträger. Die Not gibt ihm ungeheure Kraft. Längst ist die Seidenschnur zerrissen, aber eisern klammern sich die Finger um die Silberkapsel. Wütend schlägt die Jungenhorde auf ihn ein. Sie treten ihn mit Füßen, stoßen ihn zu Boden, misshandeln ihn mit Prügeln und Stöcken, die sie zum Kriegsspiel brauchen. Aber Tarsizius lässt nicht los. Erwachsene kommen hinzu, forschen nach der Ursache des Streites, werden selber neugierig, was denn der Junge da verbirgt. Vielleicht hat er doch etwas gestohlen.
Da plötzlich kommt irgendwoher hässliches Gelächter. Jemand ruft: „Ihr Narren, wisst ihr, was der bei sich trägt? Das ist ein Christ, der seinen Gott bei sich hat." Wer hat das gerufen? Gewiss ein abgefallener Christ, der jetzt hinter seinen Glaubensgenossen herspioniert, um sich bei den Heiden lieb Kind zu machen. Sicher hat er Tarsizius mehr als einmal in den Katakomben gesehen. „Ein Christ! Ein Christ!", schreien nun zehn, zwanzig Stimmen. „Ein Christ, der seinen Gott bei sich trägt!" Die Heiden wollen sehen, was er bei sich hat. Und wenn sie ihn totschlagen sollten! Was liegt daran? Der Kaiser erschlägt die Christen zu Tausenden. Von allen Seiten prasseln Schläge auf den kleinen Bekenner nieder, treffen ihn an Kopf, Leib und Gliedern. Er stöhnt auf vor Schmerz. Aber seine Hand lässt nicht los.
In dem Augenblick bricht ein römischer Offizier sich Bahn durch den Haufen der Peiniger. Mit wuchtigen Stößen macht er sich Platz. „Schämt ihr euch nicht, ein wehrloses Kind zu überfallen?", donnert er die Heiden an. „Wollt ihr Römer sein oder feige Hunde?"
„Ein Christ, der sein Geheimnis bei

sich trägt!“, verteidigt sich einer der Umstehenden.
„Was geht das euch an?“, fährt der Offizier wiederum auf. „Wer noch einmal Hand an ihn legt, den schlage ich nieder!“ Vor dem Zorn des Soldaten verkriecht sich der erbärmliche Mut der Unmenschen. Einer nach dem anderen zieht verlegen seines Weges. Da beugt sich der Offizier zu dem Jungen nieder. „Tarsizius!“, ruft er, aufs tiefste ergriffen. Er ist selbst Christ und kennt den kleinen Gottesträger aus den Zusammenkünften in den Katakomben. Da schlägt der Junge noch einmal die Augen auf, schaut den Offizier an und haucht mühsam: „Ich habe ihn nicht überliefert! Ich ... hab' ihn... geschützt mit meinem Leben.“
Behutsam trägt der Offizier den Jungen, der immer noch die silberne Kapsel in seiner Hand hält, in das Haus eines Christen. Weinend beugt sich die fromme Frau über das todbleiche, blutüberronnene Gesicht. Der Offizier aber hat inzwischen dem Jungen die Silberkapsel aus der Hand genommen. Jetzt beugt er sich über den kleinen Märtyrer und sagt: „Hörst du mich, Tarsizius?“ Tarsizius nickt nur. „Hast du noch einen Wunsch?“, fragt der Soldat. Da richtet sich Tarsizius mit letzter Kraft noch einmal auf. Er möchte etwas sagen und bringt doch kein Wort heraus. Aber schließlich liest der Offizier von seinen Lippen die Worte: „Gib mir den Heiland!“ Da öffnet der Offizier mit großer Ehrfurcht die silberne Kapsel. Schwer geht das, denn die Faust des Jungen hat sie fest zusammengedrückt. Nun aber hält er das heilige Himmelsbrot in Händen. Ganz still ist es. Nur die Frau weint leise vor sich hin. Der Offizier aber spricht: „Der Leib unseres Herrn
Jesus Christus bewahre deine Seele zum ewigen Leben!“ „Amen!“, hauchen die Lippen des Jungen. Der Offizier reicht ihm die heilige Kommunion. Da strahlen die Augen des Gemarterten vor Freude. Unendliches Glück erfüllt ihn. Die Liebe Gottes nimmt den jungen Märtyrer auf. Die Frau schließt dem Toten die Augen zur ewigen Ruhe. Der Offizier aber kniet an dem kleinen Leichnam nieder und betet mit lauter Stimme:
„Heiliger Märtyrer Tarsizius, bitte für uns!“

Überlege:

Warum brachten die Christen den zum Tode Verurteilten die heilige Kommunion? Warum wird Tarsizius erschlagen? Zu wem können wir Christus tragen?

Quellenverzeichnis

1.Teil: Vorbereitung auf den Empfang des Bußsakramentes

S. 8: Marieluise Bernhard von Luttitz.
aus: Uns gibt's nur einmal, Herold-Verlag, Brück KG Stuttgart

S.16: Leo Tolstoi,
aus: Kleine Geschichten, Kinderbuchverlag Berlin

S.20: Günther Weber,
aus: Wie wir Menschen leben, Herder-Verlag Freiburg i. Br., [4]1992

S.48: Max Bolliger,
aus: M. B., Hinter den sieben Bergen. Dreimal dreizehn Kindergedichte. Echter Verlag, Würzburg, 1995

3.Teil: Leseanhang

S.113: Joachim Nowotny,
Ein Lächeln für Zacharias, Kinderbuchverlag Berlin, [2]1985

S.114: Leo Lionni,
Sechs Krähen, Midelhauve Verlag Köln, 1988

S.116: Christian Irmisch,
Bin ich schön?, Postreiter Verlag Halle, 1989

S.117: Eva Rechlin,
aus: Vorlesebuch Religion 2, Verlag Ernst Kaufmann, Lahr 1973, Rechte bei der Autorin.

S.118: Irmgard von Faber du Faur,
aus: Kind und Welt, Verlag Werner Dausien, Hanau.

S.119: Benno Pludra.
Ein Mädchen fand einen Stein, Kinderbuchverlag Berlin [2]1984

S.120: Markus Pfister,
Der Regenbogenfisch, © Nord-Süd-Verlag AG Gossau, Zürich/Schweiz 1992

S.122: aus: Unsere Fibel, Lesebuch für das 1. Schuljahr, Volk und Wissen-Verlag, Berlin 1971

S.122: Albert Schweitzer,
aus: Aus meiner Kindheit und Jugendzeit, Beck'sche Reihe Nr. 439,
C. H. Beck'sche Verlagsbuchhandlung München – ISBN 3406340318

S.124: Leo Tolstoi,
aus: Vorlesebuch Religion 1, Verlag Ernst Kaufmann, Lahr 1974

S.125: Das kleine Flußpferd, Altberliner Verlag Lucie Groszer, Berlin 1974

S.126: Martin Buber,
Die Frage der Fragen, aus: M. Buber, Die Erzählungen des Chassidim, Manesse Verlag, Zürich 1949

S.127: aus: Ich bin da, Religionsbuch 2, erarbeitet von A. Baur, H. Kögel, J. Ouadflieg, K. O. Rentmeister, gestaltet von A. Fuchshuber, L.-Auer-Verlag Donauwörth

S.127: Michail Scholochow,
aus: Ein Menschenschicksal, Verlag Volk und Welt, Berlin; Übersetzer: Otto Braun

S.131: A. Gundlach,
aus: Liebende sind es alle miteinander, Jahr des Herrn 1974, St. Benno-Verlag, Leipzig

S.133: aus: P. Dörfler, Der Bubenkönig, Don Bosco-Verlag, München (=St. Benno-Verlag, Leipzig [4]1963)

S.134: Desmond Deig,
aus: Mutter Teresa. Ihr Leben und Werk in Bildern, Herder Verlag Freiburg i. Br. (=St. Benno-Verlag, Leipzig 1978). [10]1981

S.137: Georg Popp,
aus: Die Großen der Kirche, Arena-Verlag, Würzburg 1956

S.140: Wilhelm Busch,
aus: Vorlesebuch zum katholischen Katechismus, St. Benno-Verlag, Leipzig 1965

S.143: Wilhelm Hünermann,
aus: Brennendes Feuer. Verlagsanstalt Tyrolia. Innsbruck (=St. Benno-Verlag, Leipzig 1964)

S.147: Heinrich Mertens,
aus: Brot in deiner Hand. Geschichten für Kinder von der Bedeutung des heiligen Mahles, Verlag J. Pfeiffer, München 1983. Seite 5ff.

S.149: Balthasar Fischer. Kurzpredigt für Kinder (3),
aus: Gottesdienst, Nr.13,1978, Herder-Verlag Freiburg i. Br.

S.1 50: Sergej Michalkow,
Wie die Vögel das Zicklein retteten (gekürzt), Kinderbuchverlag Berlin 1975,
Übersetzer: Vera Albrecht

S.153: Balthasar Fischer. Kurzpredigt für Kinder (1),
aus: Gottesdienst. Nr.11,1978, Herder-Verlag Freiburg i. Br.

S.155: Der Adoptivvater, ein ukrainisches Volksmärchen (gekürzt),
Verlag Dnipro, Kiew 1977

S.157: Balthasar Fischer, Kurzpredigt für Kinder (2),
aus: Gottesdienst, Nr.12, 1978, Herder-Verlag Freiburg i. Br.

S.158: Balthasar Fischer, Kurzpredigt für Kinder (4),
aus: Gottesdienst, Nr.14,1978, Herder-Verlag Freiburg. i. Br.

S.160: Maria Pavlova,
Das Sonnenkörnchen (gekürzt), Verlag Bulgarski Hudoshnik, Sofia 1975

S.163: Balthasar Fischer, Kurzpredigt für Kinder (5),
aus: Gottesdienst, Nr.15/16,1978, Herder-Verlag Freiburg i. Br.

S.164: Balthasar Fischer, Kurzpredigt für Kinder (6),
aus: Gottesdienst, Nr.17,1978, Herder-Verlag Freiburg i. Br.

S.166: überarbeitet
aus: Wie wir Menschen leben 4, ein Religionsbuch für die Grundschule,
Herder-Verlag Freiburg i. Br. [4]1992

S.168: Wilhelm Hünermann,
aus: Der leuchtende Tag, Matthias-Grünewald-Verlag, Mainz (=St. Benno-Verlag, Leipzig 1956) [32]1995

Inhaltsverzeichnis